CATHY HOPKINS

Aromatherapie

Buch

Neben einer fundierten Einführung in das Wesen und die Geschichte der Aromatherapie bekommt der Leser praktische Anleitungen für den Umgang mit den heilkräftigen, tonisierenden oder entspannenden Pflanzenessenzen. Anhand einer Vielzahl von Schönheits- und Gesundheitsrezepten lassen sich ihre Wirkung auf Körper, Seele und Geist sogleich erproben.

Autor

Cathy Hopkins ist eine erfahrene Aromatherapeutin und Mitglied der International Federation of Aromatherapists.

CATHY HOPKINS

AROMA-THERAPIE

Was Sie wirklich darüber wissen müssen

Aus dem Englischen
von Ursula Rahn-Huber

GOLDMANN

Die Originalausgabe erschien unter dem Titel
»Principles of Aromatherapy«
bei Thorsons, London

Deutsche Erstausgabe

Umwelthinweis:
Alle bedruckten Materialien dieses Taschenbuches
sind chlorfrei und umweltschonend.
Das Papier enthält Recycling-Anteile

Der Goldmann Verlag ist ein Unternehmen
der Verlagsgruppe Bertelsmann

Deutsche Erstausgabe Mai 1997

Umschlaggestaltung: Design Team München
Umschlagabbildung: Michael Mundy
Satz: All-Star-Type Hilse, München
Druck: Elsnerdruck, Berlin
Verlagsnummer: 13977
Lektorat: Olivia Baerend
Redaktion: Annette Gillich
KF · Herstellung: Martin Strohkendl
Made in Germany
ISBN 3-442-13977-5

1 3 5 7 9 10 8 6 4 2

Inhalt

Einleitung

In der ersten Hälfte dieses Jahrhunderts war in der breiten Öffentlichkeit relativ wenig über Aromatherapie bekannt. Heute wird sie uns in fast jeder Frauenzeitschrift ans Herz gelegt, sei es wegen ihrer Heilwirkung oder einfach nur wegen der reinen Freude und herrlichen Entspannung, die sie uns beschert. Dennoch ist die Aromatherapie längst nicht nur etwas für Frauen. In den letzten zehn Jahren haben mehr und mehr Männer ihre Vorzüge entdeckt, nicht zuletzt als wertvolle Hilfe zur Bekämpfung eines Feindes, der uns in der heutigen Zeit immer mehr zu schaffen macht: dem Streß.

Aromatherapie ist zweifellos die angenehmste und genußvollste aller alternativen Heilmethoden, doch darüber hinaus sollten wir ihren enormen therapeutischen Nutzen nicht vergessen. Ein jedes Öl hat seine eigene Heilwirkung. So sind manche Öle beispielsweise natürliche Desinfektionsmittel, andere haben eine antibiotische oder antivirale Wirkung und so weiter. Bei sachgemäßer Anwendung können uns Öle bei einer Vielzahl gängiger Krankheitssymptome wie Grippe, Kopfschmerzen, Streß und auch bei spezifischen Leiden wie Zellulitis, Durchblutungsstörungen und Herzrasen Linderung verschaffen.

Das vorliegende Buch ist als Einführung in die Aromatherapie gedacht. Es vermittelt ein umfassendes Basiswissen über ätherische Öle und deren Anwendung, so daß der Leser sie in seinem Alltag optimal nutzen kann.

1.
Was ist Aromatherapie?

Als Aromatherapie bezeichnen wir den Einsatz ätherischer essentieller Öle zur Verbesserung unseres körperlichen und psychischen Wohlbefindens. Ungeachtet zahlreicher Berichte im Fernsehen, in Zeitschriften und in Büchern ist sie für viele ein Rätsel geblieben. »Hat das nicht irgend etwas mit Duftölen zu tun?« Das fragt man mich oft, wenn ich auf Aromatherapie zu sprechen komme. Andere wissen, daß es verschiedene Öle für die Behandlung unterschiedlicher Symptome gibt, können sich aber nicht so recht vorstellen, wie man sie einsetzt.

In diesem Kapitel werden die Grundzüge der Aromatherapie kurz erläutert. Auf einzelne der hier angesprochenen Aspekte wird in den folgenden Kapiteln näher eingegangen.

Aromatherapie ist:

- die Nutzung ätherischer Öle zur Heilung und Entspannung und zugleich die angenehmste und genußvollste aller alternativen Heilmethoden;
- die einzige Therapieform, bei der Heilmittel mit manueller Behandlung kombiniert werden;
- eine Methode, die vor allem in der Vorbeugung und nicht so sehr in der eigentlichen Heilbehandlung Erfolge verspricht;
- eine ganzheitliche Heilweise, bei der der gesamte Körper und die Lebensweise des Menschen berücksichtigt werden, mit dem Ziel, das Problem an seiner Wurzel zu packen und nicht nur einzelne Symptome zu behandeln;

✧ eine Therapieform, bei der Geist und Emotionen ebenso behandelt werden wie der physische Körper.

Aroma bedeutet soviel wie Geruch oder Duft; Therapie heißt Behandlung. Im wörtlichen Sinne bezeichnet Aromatherapie also eine Behandlung, bei der mit Düften bestimmte Heilwirkungen erzielt werden. Dies ist sicher richtig, doch es ist auch der Grund für das wohl größte Mißverständnis im Zusammenhang mit ätherischen Ölen. Aromatherapie ist nämlich weit mehr, als den Klienten einer Reihe von Düften auszusetzen. Vielleicht erweckt das Wort »Aroma« bei manchen Menschen den Eindruck, die versprochene Heilwirkung der Öle habe nur mit dem Geruch zu tun. In der Tat bevorzugen Aromatherapeuten die Bezeichnung »ätherisches Öl« oder »ätherische Essenzen« anstelle von »Aromatherapie-Öl«, denn bei der Behandlung kommt es in erster Linie auf die Pflanzenessenz und nicht nur auf den Duft an. Wenngleich jedes Öl einen ganz eigenen, unverwechselbaren Geruch hat – mal blumig und angenehm (Ylang-Ylang, Lavendel), mal nach Menthol (Eukalyptus, Pfefferminze), mal holzig (Sandelholz, Benzoe), mal wiederum klar und erfrischend (Limone, Grapefruit) –, macht dieses Aroma und dessen Wirkung auf das limbische System unseres Gehirns nur einen Teil des therapeutischen Wertes aus.

Die Öle enthalten heilkräftige Bestandteile. Haben diese ihren Weg in unseren Körper gefunden (durch die Haut bei Massagen oder über die Lunge bei Inhalationen), können sie ihre Wirkung entfalten und uns bei einer ganzen Reihe von Beschwerden Linderung verschaffen.

Ätherische Öle

Ätherische Öle sind aromatische, flüchtige Substanzen, die aus verschiedenen natürlichen Quellen wie Früchten, Pflanzen, Kräutern, Baumrinden und Wurzeln gewonnen werden. Die pflanzlichen Rohstoffe, die in der Aromatherapie verwendet werden, sind ausnahmslos für ihre heilende Wirkung bekannt.

Wenngleich diese Essenzen seit Jahrtausenden in der Medizin und bei der Parfumherstellung verwendet wurden, haben sie erst in den letzten zwanzig Jahren in den Medien und der breiten Öffentlichkeit Beachtung gefunden. Diesem Interesse verdanken wir die Tatsache, daß ätherische Öle heute in den meisten Reformhäusern, Drogerien und Naturkostläden erhältlich sind.

Wenn auch weltweit insgesamt um die vierhundert Öle bekannt sind, umfaßt das verfügbare Angebot nur etwa achtzig Sorten. Manche dieser achtzig werden häufiger verwendet (zum Beispiel Lavendel), während andere nur selten zum Einsatz kommen (zum Beispiel Ysop). Die meisten Aromatherapeuten arbeiten mit etwa dreißig bis vierzig Ölen, und für den Hausgebrauch reicht ein gutes Dutzend. Die Öle werden in kleinen, dunklen Glasflaschen angeboten, meist mit 5, 10 oder 30 ml; besonders teure Öle gibt es zu 1 oder 2 ml, in großen Mengen gebräuchliche zu 50 oder 100 ml. Es handelt sich dabei durchweg um konzentrierte Essenzen. Die Preise sind sehr unterschiedlich, je nach Verfügbarkeit und Qualität. So kostet beispielsweise das in der Regel leicht erhältliche Lavendelöl um die 6 DM pro 10 ml, während man für nur 2 ml Rosenöl mit 30 bis 70 DM rechnen muß. Lassen Sie sich davon jedoch nicht abschrecken! Die meisten Öle sind für den durchschnittlichen Geldbeutel erschwinglich, und in Kapitel 5 werden die Öle empfohlen, die sich im alltäglichen Gebrauch am nützlichsten erwiesen haben.

Hinweis
Da manche ätherischen Öle giftig sind und andere bei Überdosierung aggressiv wirken, sollte man die meisten ausschließlich verdünnt anwenden; dies gilt vor allem dann, wenn sie direkt auf die Haut aufgetragen werden. Wer zu Hause mit ätherischen Ölen arbeiten will, sollte unbedingt die in Kapitel 3 beschriebenen Anwendungsmethoden durchlesen. Wenn die wenigen dort genannten Grundregeln beachtet werden, ist die Eigenbehandlung mit ätherischen Ölen eine sichere, einfache und lohnenswerte Sache.

Eigenschaften der Öle

Schmerzlindernd, antibiotisch, fungizid, antiseptisch, antiviral, aphrodisisch, harntreibend, schleimlösend, verdauungsfördernd, sedativ, tonisierend, stimulierend, um nur einige zu nennen (im Anhang finden Sie eine komplette Übersicht).

Die meisten Öle vereinen mehrere dieser Eigenschaften. Daß wir es hier mit natürlichen Essenzen zu tun haben, heißt keineswegs, daß sie wirkungsschwach sind. So wirkt Teebaumöl beispielsweise zugleich antiseptisch, antibiotisch, fungizid und antiviral. Es ist viermal stärker als die meisten haushaltsüblichen Desinfektionsmittel und dennoch ausgesprochen hautfreundlich.

Manuelle Behandlung

Hierbei handelt es sich um alle Behandlungsformen, bei denen der Klient berührt wird. Osteopathie, Akupunktur und jede Art von Massage fallen in diesen Bereich. Im Gegensatz hierzu stehen Therapien, bei denen bestimmte Heilmittel verabreicht werden, ohne daß es zu physischem Kontakt zwischen dem Therapeuten und seinem Klienten kommt. Bei der aromatherapeutischen Massage – einer der wirkungsvollsten Anwendungsmöglichkeiten ätherischer Öle – werden manuelle Behandlung und Heilmittel kombiniert. Dabei gelangen die mit einem Basisöl wie Traubenkern- oder Mandelöl verdünnten Essenzen über die Haut in den Blutkreislauf und können dort ihre Wirkung entfalten.

Andere Anwendungsmethoden

(siehe auch Kapitel 3)

- ✧ Inhalation: Besonders hilfreich bei Bronchitis, Schnupfen und Halsschmerzen.
- ✧ Umschläge und Kompressen (heiß oder kalt): Heiße Umschläge mit Kamillenöl empfehlen sich beispielsweise bei Regelschmerzen. Eine kalte Stirnkompresse mit Pfefferminze lindert Kopfschmerzen. Bei Prellungen hilft ein kalter Umschlag mit Kamille direkt auf der Schwellung.
- ✧ Verdampfung in Duftlampen: Ich empfehle zum Beispiel, in Büros Duftlampen mit Eukalyptusöl aufzustellen – besonders in der Vorweihnachtszeit, wenn Grippe und Erkältungen Hochkonjunktur haben. Eukalyptus wirkt nämlich antiviral und tötet die durch die Luft schwirrenden Viren und Bakterien ab.
- ✧ Bäder: Ein aromatisches Bad ist wohl die einfachste Methode überhaupt. Geben Sie dem Badewasser sechs bis acht Tropfen ätherisches Öl zu, und zwar nicht nur wegen des Duftes. Lavendelöl bringt Entspannung nach einem anstrengenden Tag; Bergamotte bringt morgens einen schlappen Kreislauf in Schwung.

Aromatherapie als ganzheitliche Heilmethode

Ganzheitliche Heilmethoden sind solche, bei denen der Therapeut die Lebensweise seines Klienten und alle Krankheitssymptome betrachtet, bevor er sich für eine Behandlungsart entscheidet (oder bei der Aromatherapie die für den Betreffenden geeigneten Öle auswählt). Hierbei geht es vor allem darum, die Wurzel des Leidens zu erkennen und zu beseitigen, anstatt Symptome zu behandeln, die dann nur an anderer Stelle wieder zum Vorschein kommen würden.

Jeder Mensch ist einzigartig, und die individuelle Betrachtung der Symptome hilft dabei, die jeweils optimale Mischung von Ölen zusammenzustellen. Da klagt jemand beispielsweise über Streß. Dieser mag physischer Art sein; in einem solchen Fall würde ihm eine Massage des Schulter-, unteren Rücken- und Nackenbereichs mit Lavendel guttun. Ist die Ursache für den Streß hingegen weitgehend im Inneren der Person zu suchen – hat er zum Beispiel in letzter Zeit nicht gut geschlafen –, dann wäre eher ein nervenberuhigendes Öl wie Melisse oder Majoran angezeigt, um die Schlafbereitschaft zu fördern. Dazu würde sich zur Steigerung des Wohlbefindens eine Ganzkörpermassage mit besonderem Augenmerk auf die Füße anbieten. (Fußreflexzonenmassage wird oft mit Aromatherapie kombiniert und kann die Entspannung unterstützen.)

Behandeln mit ätherischen Ölen

(siehe auch Anhang)

Die Aromatherapie hat mannigfaltige Wirkungen. Abgesehen von ganz wenigen Ausnahmen, kann jeder von ätherischen Ölen profitieren, ganz gleich wie banal oder ernst seine Beschwerden auch sein mögen. Sie beleben oder entspannen, fördern die Schlafbereitschaft, bauen Streß ab, helfen bei Verstopfung, Schwellungen, Rückenschmerzen, Zellulitis, Sodbrennen, beugen vorzeitiger Alterung vor und können in den verschiedenen Phasen der Schwangerschaft eingesetzt werden, um Symptome zu lindern und den Geburtsvorgang zu unterstützen. Manche Öle wirken harntreibend, andere schleim- oder krampflösend.

Vorbeugen mit ätherischen Ölen

Das erfolgversprechendste Anwendungsgebiet der Aromatherapie liegt zweifellos in der vorbeugenden Behandlung. Ich spreche hier aus eigener Erfahrung, denn nachdem ich vor vielen Jahren einmal eine Bronchitis hatte, war ich in diesem Bereich ausgesprochen anfällig. Wissend, wie sehr mich eine Erkältung mitnehmen konnte, sah ich immer mit Schrecken dem nächsten Winter entgegen, denn wenn rings um mich herum das große Husten und Schniefen losging, war ich die erste, die krank wurde. Heute hole ich beim leisesten Anflug einer Erkältung oder wann immer ich mit jemandem in Kontakt war, der an einer Bronchitis leidet, meinen Dampfinhalator und je ein Fläschchen Kiefern- und Eukalyptusöl hervor und inhaliere täglich, bis ich mich wieder hundertprozentig fit fühle. So habe ich dank Vorbeugung durch regelmäßige Verwendung der geeigneten Öle in den vergangenen acht Jahren kaum mehr als einen kleinen Husten gehabt.

Der Einfluß von ätherischen Ölen auf Emotionen und Stimmungen

Eine der bemerkenswertesten Tatsachen in bezug auf ätherische Öle ist, daß sie nicht nur das physische Wohlbefinden des Menschen steigern, sondern auch unsere Stimmung heben und Depressionen mildern können. Abgesehen von ihrem angenehmen Duft, helfen bestimmte Öle, Niedergeschlagenheit oder Lustlosigkeit zu vertreiben. So ist Basilikum immer dann ganz besonders geeignet, wenn uns vor lauter Arbeit der Kopf brummt und die Konzentration nachläßt. Ein paar Tropfen des Öls auf ein Taschentuch geträufelt und nachmittags im stickigen Büro hervorgeholt, bringt neue Kraft und macht selbst den müdesten Geist wieder munter.

Jasmin, Ylang-Ylang und Rose wirken jeweils auf besondere Weise antidepressiv: Jasmin bringt Freude, Rose heilt und lindert, Ylang-Ylang stimmt heiter.

Im alten Ägypten hatten ätherische Öle bei Kampfeinsätzen der Armee einen festen Platz. So wurden belebende Öle wie Bergamotte oder Rosmarin als Stimulanzen vor dem Kampf verwendet, während beruhigende Öle wie Lavendel oder Kamille für Ruhe und Entspannung sorgten.

2.
Die Geschichte der Aromatherapie

Wenngleich sich die Aromatherapie erst in den vergangenen zehn bis fünfzehn Jahren einem breiten Publikum erschlossen hat, haben wir es hier mit einer traditionellen Heilweise zu tun, die auf die alten Zivilisationen Ägyptens, Chinas, Arabiens, Indiens, Griechenlands und Roms zurückgeht.

Seit jener Zeit gibt es immer wieder Hinweise darauf in der Kunst und Literatur sowie den medizinischen Aufzeichnungen verschiedenster Kulturen. Die Geschichte der ätherischen Öle und ihrer Verwendung ist farbenprächtig und faszinierend. Über die Jahrhunderte hinweg waren sie in der Beliebtheitsskala mal ganz oben, mal ganz unten. Im Augenblick entdecken die Menschen wieder einmal aufs neue die heilsamen Wirkungen, die viele unserer Vorfahren als Geschenk der Natur zu schätzen wußten.

Ägypten

Die alten Ägypter, die allgemein als die Begründer der Aromatherapie gelten, arbeiteten bereits 4500 v. Chr. mit ätherischen Ölen. Auch Kleopatra (68-30 v. Chr.) wußte um deren Wirkung und soll angeblich bei der Verführung von Marc Anton Jasmin- und Rosenöl verwendet haben – beides Essenzen, die für ihre aphrodisische Wirkung bekannt sind.

In altägyptischen Grabkammern wurden Spuren ätherischer

Öle entdeckt. So fand man 1897 bei der Öffnung des Grabes von König Menes, der 3000 v. Chr. die Stadt Memphis gegründet hatte, Überreste aromatischer Substanzen. 1922 stieß man im Grab von Tutenchamun aus dem Jahr 1320 v. Chr. auf Vasen und Einbalsamierungsmittel, die Weihrauch und Nardenöl enthielten. Es wurde berichtet, daß der Duft der Öle selbst nach so langer Zeit noch wahrnehmbar war.

Es gibt zwei mögliche Erklärungen dafür, warum in den Gräbern und Pyramiden ätherische Öle zu finden waren. Zum einen glaubten die alten Ägypter an ein Leben nach dem Tod und waren überzeugt, daß sie ihre weltlichen Güter mitnehmen könnten. Daher waren viele Gräber mit Schätzen und Reichtümern gefüllt, die man gemeinsam mit ihrem Besitzer begraben hatte, damit dieser beim Erwachen im Jenseits nicht mittellos dastünde. Ätherische Öle galten als besonders wertvoll für Gesundheit und Schönheit, und so ist es möglich, daß sie zu den Gaben gehörten, die man mit der Mumie begrub.

Zum anderen wurden Öle bei der Einbalsamierung der Toten verwendet. Spuren von Ölen aus Narden, Zedern, Zypressen, Weihrauch, Myrrhe, Muskatnuß, Nelken und Zimt wurden in den Bandagen der Mumien nachgewiesen. Diese Öle wurden wohl wegen ihrer antiseptischen und antibakteriellen Eigenschaften bei der Konservierung der Toten verwendet. Könige und ihresgleichen dachten sicherlich, daß sie durch eine Einbalsamierung mit schützenden Ölen unbeschadet das Jenseits erreichen würden. Die Einbalsamierung war in der Tat äußerst wirksam, denn die mikroskopische Untersuchung von Darmfragmenten ergab, daß diese auch nach Tausenden von Jahren noch bemerkenswert gut erhalten waren. Leider blieben diese Öle aber offensichtlich Menschen von königlichem Blut und den reicheren Klassen vorbehalten, während die Ärmeren in Massengräbern landeten.

Die alten Ägypter verwendeten ätherische Öle auch bei der

Herstellung von Kosmetika, zur Schönheitspflege, bei Massagen und zu Heilzwecken. In Ägypten kann man an den Wänden der alten Tempel immer wieder wunderschöne Hieroglyphen entdecken, die Menschen zeigen, die sich entweder mit Duftmitteln gegenseitig beschenken oder die mit in Schalen oder Vasen abgefüllten Blüten- oder Pflanzenessenzen behandelt werden. Die vornehmen Damen des alten Ägypten nahmen Bäder mit aromatischen Zusätzen und ließen sich anschließend von ihren Sklaven mit ätherischen Salben und Ölen massieren.

Diese Mittel wurden nicht nur wegen ihres Duftes, sondern auch aufgrund ihrer hautschützenden Eigenschaften hergestellt; so schützte das Augen-Make-up beispielsweise gleichzeitig vor Entzündungen, da die darin verarbeiteten Öle heilkräftige Bestandteile enthielten. Im Tempel von Idfu gibt es einen Raum mit Inschriften über die genaue Zusammensetzung der verschiedensten Parfums, die zum Teil stimulierende und erfrischende, zum Teil sedative oder spirituell öffnende Wirkungen haben. Eines der bekanntesten Parfums jener Zeit war Kyphi, das sechzehn verschiedene Essenzen enthalten haben soll. Kalmus, Myrrhe, Wacholder, Mastix, Zimt, Kassia, Narde, Zypresse, Henna, Terpentinöl, Weihrauch und Safran waren die angeblichen Inhaltsstoffe dieses wohl ersten Parfums der Welt, dem Chanel No.5 des Altertums.

Wenn auch heutige Parfums noch so bezaubernd duften, fehlt ihnen doch die heilende und bewußtseinserweiternde Kraft, die Plutarch später in seinen Schriften dem damaligen Kyphi zuschrieb:

> Der Duft dieses Parfums dringt durch die Nase in deinen Körper. Er verleiht dir ein Gefühl des Wohlseins und der Entspannung; der Geist schwebt und kann dich in einen Zustand träumerischen Glücks versetzen, so als würdest du einer wunderschönen Melodie lauschen.

Weihrauch, einer der überlieferten Inhaltsstoffe von Kyphi, ist für seine bewußtseinserweiternden und spirituell öffnenden Eigenschaften bekannt. Vielleicht ist das der Grund, warum noch heute in Kirchen damit geräuchert wird. Die Ägypter schätzten ätherische Öle nicht nur wegen ihres Duftes, sondern auch wegen ihrer antiseptischen, antiviralen und antibakteriellen Wirkung. Wer sie verwendete, so glaubte man, war vor in der Luft liegenden Krankheiten und Infektionen geschützt.

Der 1550 v. Chr. entstandene sogenannte Papyrus Ebers enthält Rezepte und Heilmittel für die verschiedensten Beschwerden. Die Schriftrolle zeigt, wie Heilkundige, Priester und Ärzte Inhalationen, Umschläge und Gurgelspülungen empfehlen. Die Priester verwendeten die Öle zur Linderung verschiedener Leiden und stellten Heiltränke, Pillen und Salben her. Die meisten der gefundenen Salben lassen darauf schließen, daß die Essenzen mit Hilfe der Öl- oder Fettextraktion gewonnen wurden. Dabei werden die Pflanzen oder Pflanzenteile in ein Basisöl oder Fett eingelegt und der Sonne ausgesetzt. Nach ein paar Tagen hat die Fettgrundlage das Aroma aufgenommen – ein Aroma, das selbst heute, nach dreitausend Jahren, noch wahrnehmbar ist.

Wieder andere Hieroglyphen zeigen, wie Öle verbrannt wurden. Viele der damaligen Ärzte waren gleichzeitig Priester, und sie opferten jedem Gott ein bestimmtes Öl: Myrrhe für den Mondgott, Weihrauch für den Sonnengott Ra, Artemisia (Beifuß) für Isis, Majoran für Osiris.

China

Es scheint, daß man auch in China schon sehr früh um die heilende Wirkung der ätherischen Öle wußte.

2000 v. Chr. legte der chinesische Kaiser Kiwant Ti seine Entdeckungen über die Wirkungen bestimmter Pflanzen in einem Buch nieder. Und auch das 2650 v. Chr. entstandene *The*

Yellow Emperor's Classic of Internal Medicine enthält Hinweise auf ätherische Öle. Das um 2700 v. Chr. datierte und nach Shen Nong benannte große Buch der Heilpflanzen führte 365 für medizinische Zwecke verwendete Pflanzen auf – nicht viel weniger als die vierhundert Öle, die wir heute kennen.

In dem um 1529 entstandenen *Pen Ts'ao on Materia Medica of Li Shih Chen* werden dreiundzwanzig ätherische Öle beschrieben:

Rosenessenz:	für die Leber, den Magen und als Antidepressivum.
Jasmin:	ein allgemeines Tonikum für alle Organe des Körpers.
Kamille:	bei Schwindel, Kopfschmerzen, Erkältungen.
Ingwer:	bei Malaria und Husten mit Schleimabsonderung.

Solche Hinweise in alten Texten machen deutlich, daß das, was viele für eine »New-Age«-Therapieform halten, eine der ältesten Heilmethoden der Welt ist.

Indien

Wie schon die Ägypter und Chinesen stehen auch die Inder in dem Ruf, seit jeher um die heilende Wirkung aromatischer Essenzen gewußt zu haben. Zu Füßen des Himalaya wurde ein Gefäß gefunden, das um 3000 v. Chr. entstanden ist. Allem Anschein nach diente es zur Destillation ätherischer Öle.

Das ganzheitliche Konzept der in Indien beheimateten ayurvedischen Medizin ist dreitausend Jahre alt. Darin werden duftende Öle, Gewürze und Massagen kombiniert. Selbst wenn der Name ein anderer ist: Die Anwender wissen doch eindeutig um den therapeutischen Wert bestimmter Pflanzen und Gewürze.

Griechen und Römer

Der Weg zur Gesundheit führt über das tägliche aromatische Bad und die tägliche Duftmassage.
Hippokrates

Nach und nach verbreitete sich das Wissen über die Öle. Die Griechen gaben es an die Römer weiter, und als Ovid (43 v. Chr – 17 n. Chr) seine Gedichte schrieb, gab es in ganz Rom und Griechenland Parfumläden, in denen Duftöle feilgeboten wurden. »Ehefrauen sind aus der Mode gekommen, Mätressen sind gefragt. Rosenblätter sind passé, jetzt ist Zimt en vogue.« So ähnlich lautete ein Spruch aus der damaligen Zeit zur aktuellen Duftmode.

Wie die Ägypter kannten auch die Griechen und Römer die Heilwirkung ätherischer Öle. »Das beste Rezept für eine gute Gesundheit ist, das Gehirn süßen Düften auszusetzen«, so das Motto der Zeit. Hippokrates (460 – 370 v. Chr.), der vielen als der Vater der Medizin bekannt ist, empfahl die Verwendung ätherischer Öle, um die Ausbreitung der Pest zu verhindern, und die Straßen Athens waren mit rauchenden Ölwannen gesäumt, um die Luft zu reinigen und die Verbreitung ansteckender Krankheiten zu vermeiden.

Abgesehen von den Möglichkeiten, sie bei Krankheiten und in der Heilkunst einzusetzen, wurden aromatische Essenzen auch dazu verwendet, die Sinneswahrnehmungen zu beeinflussen. So soll es in Neros Haus ein Rohrleitungssystem gegeben haben, durch das er seine Gäste mit unterschiedlichen Duftessenzen besprühen lassen konnte. Diese rochen nicht nur gut, sondern wirkten sich auch auf die Stimmung der Anwesenden aus (ganz abgesehen davon, daß sie dank ihrer antiseptischen und antibakteriellen Wirkung die Luft reinigten). Es wäre also angesichts der damals bereits bekannten Öle durchaus denkbar, daß Nero, wenn er seine Gäste des nachts im Tiefschlaf wissen wollte, in deren Zimmern sedativen Majoran versprühen ließ oder auf aphrodisierende Rosenessenzen zurückgriff, um einen interessanten Abend zu erleben.

Es scheint, daß die alten Griechen und Römer wesentlich mehr Wert auf Wohlgerüche legten, als wir es heute tun. Damals brachten Gäste ein Fläschchen Duftwasser mit zur Abendeinladung, so wie wir heute Wein mitbringen. Düfte spielten auch bei Feierlichkeiten und Zeremonien eine wichtige Rolle. Heute neigen wir dazu, uns in unseren Wahrnehmungen auf das Visuelle, Orale und Auditive zu beschränken; unsere Feste bieten vor allem etwas für die Augen, den Gaumen und die Ohren. Im Altertum hingegen sorgten wunderbare Wohlgerüche für eine gehobene Stimmung und das richtige Ambiente.

Bei den Spielen in Dafni ließ einer der altsyrischen Könige während seiner Regierungszeit (175 – 164 v. Chr.) Prozessionen von Mädchen durch die Stadt ziehen, die die Zuschauer mit Duftwässern aus goldenen Schalen besprenkelten und Gaben von Narden, Lilien, Zimt, Safran, Weihrauch und Myrrhe verteilten. Unsere heutigen Feste erinnern daran nur noch am Rande, denn unser Riecherlebnis beschränkt sich vielfach auf Zigarettenqualm, stinkende Autoabgase und den Geruch von Bratwurst- und Pizzabuden – wohl keine Dufterfahrung, die dazu angetan ist, unsere Sinne zu beleben oder unseren Geist und unser Bewußtsein zu öffnen.

Zu Zeiten Julius Caesars (100-44 v. Chr) war es üblich, sich zu einem gemeinsamen aromatischen Bad mit anschließender Massage einzufinden. Bis ins dritte Jahrhundert n. Chr. war Rom zur Bäderhauptstadt der Welt avanciert.

Bei den alten Griechen und Römern fand Rosenöl auch reichliche Verwendung in der Zubereitung von Speisen und im Wein. Wegen seiner verdauungsfördernden und leberanregenden Wirkung war es in jenen Tagen der kulinarischen Exzesse sehr begehrt. Angesichts des mildernden Einflusses der Rose auf die narkotisierende Wirkung des Alkohols konnte man sich bei Einnahme des Öls das eine oder andere Glas mehr genehmigen.

Einer der berühmtesten Heilkundigen jener Zeit war der in Neros Diensten stehende griechische Arzt Dioscorides. Sein berühmtes Buch *De Materea Medica*, in dem er auch über die Verwendung von Pflanzen schreibt, enthält eine Fülle von Informationen zu ätherischen Essenzen:

Myrrhe:	kräftigt Zähne und Zahnfleisch und wirkt schlaffördernd.
Majoran:	schlaffördernd.
Wacholder:	wirkt harntreibend und, vor dem Verkehr im Genitalbereich als Salbe aufgetragen, empfängnisverhütend.

Vielleicht haben wir es bei dieser Beschreibung der Wirkung des Wacholders mit einem Hinweis auf das erste Spermizid der Welt zu tun. Majoran wird in der Tat auch heute noch als schlafförderndes und Wacholder als harntreibendes Mittel verwendet.

Der Niedergang des Römischen Reiches (in den meisten Quellen auf 410 n. Chr. datiert) läutete gleichzeitig den Niedergang der europäischen Zivilisation ein, insbesondere, was die Badekultur anbelangt. Es scheint, daß man seit dieser Zeit aromatische Essenzen nur noch dazu verwendete, den Geruch der ungewaschenen Massen zu übertünchen, anstatt das Bad damit zu bereichern. Mit dem Fall des Römischen Reiches ging das Wissen der Aromatherapie eine Zeitlang verloren.

Mittlerer Osten

Im Mittleren Osten, genauer gesagt in Persien, lebte von 980 bis 1037 n. Chr. der Philosoph und Arzt Ibn Sina, eher bekannt unter dem Namen Avicenna, dem oft die Erfindung der Destillation zugeschrieben wird. Und wenngleich einiges dafür spricht, daß dieses Verfahren bereits vor Avicennas Zeit bekannt war, hat dieser es zweifellos vervollkommnet und der Allgemeinheit zugänglich gemacht. In seinem Buch *Canon medicinae*, das über Jahrhunderte hinweg als Standardwerk galt, beschreibt er die Verwendung von aromatischen Essenzen, Heilpflanzen und Gewürzen. Er war auch ein großer Befürworter von Massagen und Einreibungen sowie des Obstfastens im Rahmen von Entgiftungskuren.

> Belebende Einreibungen führen Entspannung herbei. Sie dienen dazu, verbrauchte Stoffe aufzulösen, die sich in den Muskeln gebildet haben und nicht durch körperliche Betätigung abgebaut werden. Sie haben eine Auflösung der verbrauchten Stoffe zur Folge und beseitigen damit die Müdigkeit. Diese Einreibungen sind sanft und zart und werden am besten unter Zuhilfenahme von Öl oder parfümierter Salbe vorgenommen.

Heute wissen wir, daß Massagen zum Abbau von Harn- und Milchsäuren beitragen können, die sich bei übermäßiger Beanspruchung der Muskulatur in zu hohen Konzentrationen einlagern. Dieser Prozeß kann durch die Verwendung von entgiftenden und harntreibenden Ölen noch unterstützt werden.

Vermutlich gelangten die Öle und Duftwässer über die Kreuzfahrer des Mittelalters von Ägypten und Syrien nach Europa.

Europa im Mittelalter

Die Pest suchte Europa im frühen vierzehnten Jahrhundert heim und raffte ein Drittel bis die Hälfte der Bevölkerung dahin. Der Pesterreger wurde von Flöhen übertragen, die durch asiatische Wanderratten ins Land gelangten. So brachten – welche Ironie des Schicksals! – eben jene Schiffe, mit denen Heilpflanzen und Gewürze in den Westen gelangten, auch die mit Beulenpest verseuchten Ratten und Flöhe zu uns: Krankheit und Heilmittel saßen gewissermaßen in einem Boot.

Ebenso wie Hippokrates seine Landsleute aufgefordert hatte, sich mit ätherischen Ölen vor der Seuche zu schützen, taten dies auch die europäischen Heilkundigen. Bei der Behandlung von Seuchenkranken trugen die Ärzte Schutzkleidung, Handschuhe und eine mit Nelken, Zimt und Gewürzen ausgestopfte Maske. Zusätzlich trugen sie mit Knoblauch und Nelken gespickte Duftkugeln um den Hals, um sich vor Ansteckung zu schützen. (Zimt und Nelken wirken antiviral und antibakteriell; nach den Erkenntnissen der modernen Forschung sind sie besonders wirksam in der Bekämpfung von Typhus- und Cholera-Erregern.)

Meister Alexis, ein zeitgenössischer Alchimist, schrieb:

> Für ein ausgezeichnetes Parfum gegen die Pest nehme er Mastix, Zypresse, Weihrauch, Muskatblüte, Wermut, Myrrhe, Aloe, Moschus, Amber, Muskatnuß, Myrte, Lorbeer, Rosmarin, Salbei, Rose, Holunder, Wacholder und Pech. All diese Zutaten zerstoße und mische er. Dann stelle er sie auf die Kohlen und räuchere damit die Kammer aus.

In solche Ölmischungen getauchte Schwämme verhalfen den Kranken zwar in gewisser Hinsicht zu Schutz und Linderung, doch leider reichte das oft nicht aus oder kam zu spät. Interessant ist jedoch die Tatsache, daß die Parfumhersteller, die den ganzen Tag über mit ätherischen Ölen zu tun hatten und durch deren antiseptische Wirkung geschützt waren, von der Pest am wenigsten behelligt wurden.

Eine weitere bekannte Zubereitung zum Schutz vor der Pest

und anderen Krankheiten war der sogenannte Vier-Diebe-Essig: aus Absinth, Rosmarin, Lavendel, Salbei, Pfefferminze, Zimt, Muskat, Knoblauch und Kampfer in Essig vermischt. Als Schutz vor Ansteckung wurde der ganze Körper mit dieser Flüssigkeit eingerieben.

Europa im sechzehnten und siebzehnten Jahrhundert

Im sechzehnten Jahrhundert entwickelten die Italiener die Kunst der Parfumherstellung. Mit Katharina von Medici (1519-1589) kam die Verwendung aromatischer Essenzen in Mode: Sie parfümierte die Säume ihrer Kleider und ihre Handschuhe mit Duftwässern; dem einen oder anderen Feind soll sie auch schon einmal ein Paar vergiftete Handschuhe geschickt haben. Parfum wurde nicht nur zum Schutz, sondern vor allem zur Überdeckung des unangenehmen Geruchs ungewaschener Körper oder als Aphrodisiakum verwendet. Elisabeth I (1533-1603) ließ ihre Mäntel und Schuhe mit ätherischen Ölen behandeln.

In Deutschland verfaßte Hieronymus von Braunschweig eine Reihe von Büchern zum Verfahren der Destillation. In seinem 1591 erschienenen *Thesaurus penperum (Grosses Destillierbuch)* sind fünfundzwanzig ätherische Öle aufgeführt.

Dies war die Zeit der großen europäischen Pflanzenheilkundigen wie William Turner, John Gerade, John Parkinson und William Culpeper. Letzterer schrieb im Jahre 1652:

> Das aus den Blättern und Blüten gewonnene Öl ist überaus hilfreich; zwei oder drei Tropfen auf Schläfen und Nasenlöcher getupft helfen bei allen Erkrankungen des Gehirns. Bei inneren Erkrankungen ist Umsicht geboten und jeder Fall gesondert zu betrachten, denn es wirkt sehr schnell und durchdringend.

In dem 1569 erschienenen Werk *Euonymus* berichtet Conrad Gesner von der kräftigenden und lebensverlängernden Wirkung ätherischer Öle:

> Rosmarin: Er kräftigt das Herz, das Gehirn, die Sehnen und den ganzen Körper. Gelähmte Glieder wärmt er meistens und heilt er manchmal. In Laugenform heilt er Fisteln und Geschwüre, bei denen andere Arzneien versagen.

Und J. J. Wecker schrieb 1616:

> Duftwässer stellen zweifellos eine umfassende Medizin dar, die auf den Geist wirkt, üblen Gerüchen entgegenwirkt und Bazillen in der Luft um uns herum beseitigt.

Europa im neunzehnten Jahrhundert

Über Jahrhunderte hinweg wurde das Wissen der Pflanzenheilkunde durch Laien und Sachkundige gleichermaßen von Generation zu Generation weitergegeben, bis diese Kunst im neunzehnten Jahrhundert schließlich mehr und mehr von der neuentstehenden synthetischen Medizin verdrängt wurde.

Dennoch bestand das Interesse an der Heilkraft von Pflanzen mancherorts fort. So erschien 1882 die *Materia Medica* von William Whitla, ein weiteres Buch mit Beschreibungen von zweiundzwanzig ätherischen Ölen. 1887 wurde erstmals in Versuchen nachgewiesen, daß die Öle tatsächlich eine antibakterielle Wirkung haben. In den von Chamberland, Cadeac und Meunier veröffentlichten Studien von 1887 beziehungsweise 1888 wird belegt, daß die Drüsen- und Gelbfiebererreger ausgesprochen empfindlich gegen aromatische Essenzen sind, vor allem gegen Zimt-, Thymian-, Lavendel- und Wacholderöl. Seither wurden diese Erkenntnisse in anderen Untersuchungen bestätigt und der Nachweis erbracht, daß viele Öle antibakteriell, fungizid und antiviral, alle aber antiseptisch wirken.

Dies genügte jedoch nicht, denn in der Medizin hatte sich das Blatt gewendet. Die chemische Forschung war auf dem Vormarsch, und das Hauptaugenmerk galt nun nicht mehr der Krankheitsvorbeugung, sondern der Behandlung bereits vorhandener Symptome. Der Einsatz von Heilpflanzen, Ölen und Kräutern wurde als wenig zeitgemäß und altmodisch belächelt. Die Augen der Ärzteschaft waren auf das kommende Jahrhundert und all die neuen Entdeckungen gerichtet, die dieses für die Welt der Medizin bereithielt. Vor lauter Durst nach neuen Erkenntnissen geriet das Wissen um die aromatischen Essenzen in Vergessenheit – man schüttete gewissermaßen das Kind mit dem Bade aus ...

Das zwanzigste Jahrhundert

Im Italien der zwanziger Jahre untersuchten Giovanni Gatti und Renato Cayola den psychotherapeutischen Nutzen von ätherischen Ölen und deren Wirkung auf das Nervensystem – sie stellten fest, daß diese allerhand zu bieten haben.

René-Maurice Gattefossé gilt als der Vater der modernen Aromatherapie, weil er als erster den therapeutischen Gebrauch von ätherischen Ölen mit diesem Begriff verknüpfte. 1928 erschien sein erstes Buch unter dem Titel *Aromathérapie*, gefolgt von zahlreichen wissenschaftlichen Berichten und einigen weiteren Büchern zum gleichen Thema. Er wußte, daß ätherische Öle weit bessere antiseptische Eigenschaften haben als manche der damals üblichen chemischen Desinfektionsmittel, und es war wohl jenes Wissen, das zur praktischen Anwendung kam, als er sich einmal an den Händen verbrannte. Er tauchte sie nämlich kurzerhand in ein nahestehendes Faß mit Lavendelöl und stellte überrascht fest, wie schnell die Wunde, ohne das geringste Anzeichen einer Infektion und ohne eine Narbe zu hinterlassen, ausheilte. 1939 veröffentlichte Albert Couvner ein Buch, in dem er sich eingehend mit der medizinischen Anwendung von ätherischen Ölen befaßt.

In einer französischen Schule setzte Dr. Sztark seine Idee, in Klassenzimmern ätherisches Öl verdampfen zu lassen, in die Praxis um. Er hatte gelesen, wie man sich auf diese Weise in früheren Jahrhunderten vor Krankheiten geschützt hatte, und erkannte, welche Vorteile dies gerade in Schulen haben könnte. Wenn heutzutage nur ein einziger Mensch in einer Schule oder einer Firma einen Virus aufschnappt, macht dieser oftmals im ganzen Gebäude die Runde, und bald ist die gesamte Belegschaft krank. Das Verdampfen von Ölen zur Krankheitsvorbeugung wäre hier sicherlich eine gute Lösung.

Auch der Arzt Dr. Jean Valnet leistete Pionierarbeit in bezug auf den therapeutischen Gebrauch von ätherischen Ölen und veröffentlichte seine Erkenntnisse 1964 in seinem Werk *Aromathérapie*. Während seiner Arbeit als Armeearzt in Indochina setzte er die Essenzen nicht nur zur Behandlung von Wunden, Verbrennungen und Wundbrand ein, sondern auch in der psychiatrischen Behandlung von geistig Gestörten. Ihm ist es zu verdanken, daß die Aromatherapie vor allem in Frankreich und der Schweiz zu einem pharmakologisch anerkannten Verfahren wurde. Er schrieb:

> Nachdem sie viele Jahre lang in Vergessenheit geraten waren, erleben die aromatischen Essenzen nun eine Renaissance, denn für viele Wissenschaftler und weite Bevölkerungskreise sind sie die Sterne am Himmel der Medizin. Angesichts wachsender Komplikationen, die sich nachweislich aus der Verwendung aggressiver, synthetisch gewonnener, chemischer Medikamente ergeben, sind viele Patienten heutzutage nur noch dann zu einer Behandlung bereit, wenn natürliche Heilmethoden zur Anwendung

> gelangen, deren fester Bestandteil Pflanzen und pflanzliche Essenzen sind.

Die Biochemikerin Marguerite Maury setzte sich eingehend mit Valnets Arbeiten auseinander. Sie entdeckte die alte Kunst wieder, Öle mit Massagen zu kombinieren, und erforschte den Nutzen von ätherischen Ölen in der Gesundheits- und Schönheitspflege sowie deren Wirkung auf Stimmungen und Gefühle.

Robert Tisserand ist einer der ersten Autoren, die das Thema der Aromatherapie im englischen Sprachraum aufgegriffen haben. Sein Buch *The Art of Aromatherapy* wurde 1977 mit großem Interesse aufgenommen und hatte in England bahnbrechende Wirkung. Er schreibt darin:

> Aromatherapie ist ein Thema, das zumindest in England bislang vom Hauch des Magischen und Geheimnisvollen umgeben war. Dies mag ihr einen gewissen Reiz verleihen, führt aber andererseits zu Unklarheit und Mißverständnissen und beläßt die meisten Menschen in einem Zustand relativer Unwissenheit. Ich hoffe, mit diesem Buch einiges Licht in dieses Gebiet zu bringen.

Seit dem Erscheinen seines ersten Buches hat Tisserand weitere Bücher veröffentlicht und sein Wissen über die Öle in zahlreichen Vorträgen und Seminaren weitergegeben.

Inzwischen sind unzählige andere Bücher zu diesem Thema in die Regale der Buchhändler gelangt. Sie richten sich an professionelle Anwender und Laien gleichermaßen, so daß die Aromatherapie heute einem breiten Publikum zugänglich ist.

1985 wurde in England der Internationale Aromatherapie-Verband (IFA – International Federation of Aromatherapists) gegründet. Darin schloß sich ein kleiner Kreis von Therapeuten mit der Aufgabe zusammen, einen gewissen Standard bei

Behandlern und Lieferanten zu wahren. Gleichzeitig sollte sichergestellt werden, daß ein jeder, der sich Aromatherapeut nennt, auch eine entsprechende Ausbildung absolviert hat. Seit der Gründung werden regelmäßig Verbandstreffen veranstaltet und ein periodisch erscheinendes Verbandsblatt herausgegeben.

In Deutschland gibt es leider nicht – wie z.B. in England – einen Dachverband, in dem alle Aromatherapeuten zusammengeschlossen sind. Es dürfen nur ausgebildete Heilpraktiker Aromatherapie anbieten – die Heilpraktiker-Ausbildung ist dann sozusagen die Garantie für Professionalität.

Allerdings macht es dies schwierig, einen Aromatherapeuten zu finden, da es keine Liste gibt, in der sie registriert sind und man bei den Heilpraktikern direkt nachfragen muß, ob sie auch Aromatherapie anbieten.

Doch die heilende Wirkung der ätherischen Öle ist inzwischen unbestritten. In der Forschung, in Büchern und in den Medien wird der Naturheilkunde und damit auch den ätherischen Ölen endlich die Aufmerksamkeit zuteil, die sie verdienten.

Die Öle sind zudem mittlerweile leichter erhältlich als je zuvor. Man findet sie in den meisten Reformhäusern, Naturkostläden, Läden für Naturkosmetik und Drogerien, außerdem gibt es viele Firmen, bei denen Sie die Produkte per Post beziehen können.

3.
Alles Wissenswerte über ätherische Öle

Woher kommen ätherische Öle?

Ätherische Öle gelangen von allen möglichen Orten überall auf der Welt zu uns. Sie werden aus Früchten, Kräutern, Bäumen, Wurzeln, Blättern, Rinden und Gewürzen gewonnen, die jeweils einen ganz typischen Geruch und eine besondere Heilwirkung haben.

In der folgenden Übersicht erfahren Sie Näheres über:
✧ die geographische Herkunft,
✧ die Pflanzenteile, aus denen das Öl gewonnen wird.

Ätherisches Öl	Ursprungsland	verarbeitete Pflanzenteile
Angelika:	China/Ägypten/England/Spanien/GUS/ Belgien	Samen/Wurzeln
Anissamen:	Indonesien/Indien/Nordafrika/ Mittelamerika/Südamerika	Samenfrüchte
Basilikum:	Bulgarien/USA/Madagaskar/Seychellen/ Asien/Europa	ganze Pflanze
Bay:	Jamaica/Südamerika/Marokko/Spanien	Blätter
Benzoe:	Indonesien/Borneo/Thailand	Baumstamm
Bergamotte:	Elfenbeinküste/Italien/Marokko/ Guinea	Fruchtschalen
Birke:	Niederlande/Deutschland/GUS	Baumrinde
Cajeput:	Vietnam/Philippinen/Australien	Blätter/Zweige
Citronella:	Sri Lanka/Südamerika/Madagaskar	Gras
Dill:	Mittelmeerraum	Samen/Früchte

Ätherisches Öl	Ursprungsland	verarbeitete Pflanzenteile
Eisenkraut:	Algerien/Spanien/Südamerika	Stiele und Blätter
Elemi:	Frankreich/Mexico	Baumrinde
Estragon:	GUS/Frankreich	blühende Pflanze
Eukalyptus:	China/Australien/Spanien/Brasilien/ Kalifornien	Blätter/ Zweige
Fenchel:	Spanien/Japan/Indien/Rußland/ Mittelmeerraum/Rumänien/Nordeuropa	Samen
Galbanum:	Iran/Irak/Türkei/Syrien	Baumrinde
Geranium:	Zimbabwe/Reunion/Ägypten/China/ Marokko/Algerien/Spanien/GUS/ Italien	Blätter/ Stiele/ Blüten
Grapefruit:	Israel/USA/Brasilien	Fruchtschalen
Ingwer:	Nigeria/China/Japan/Java/Westafrika	Wurzeln
Jasmin:	Marokko/Frankreich/Ägypten/China/ Algerien/Italien	Blüten
Kamille:	England/Frankreich/Ungarn/Ägypten/ Marokko/Bulgarien/Ex-Jugoslawien	Blüten/ Blätter
Kampfer:	Borneo/Sumatra/China/Japan	Holz
Kardamom:	Guatemala/Indien/Sri Lanka/ Frankreich/Südamerika	Samen
Karottensamen:	Europa/Ägypten/Indien	Wurzeln/Samen
Kiefer:	Europa/GUS/Nordamerika	Nadeln/Zweige
Knoblauch:	Spanien/Ägypten/Sizilien/Frankreich	Stiel/Zehen
Koriander:	GUS/Indien/USA/Marokko/Mittelmeerraum	Samen/Blätter
Kreuzkümmel:	Ägypten/Marokko/Indien/ Mittelmeerraum/Asien	Samen/Früchte
Kümmel:	Nordeuropa/Afrika/Rußland	Samen
Lavendel:	Frankreich/Bulgarien/Ex-Jugoslawien/ England/Tasmanien	Blütenrispen
Lemongrass:	Vietnam/Brasilien/Sri Lanka/ Zentralafrika/China	ganze Pflanze
Limone:	Westindien/Brasilien/Mexico/Italien	Fruchtschalen
Lindenblüte:	Frankreich/England	Blüten
Majoran:	Spanien/Ägypten/Ungarn/ Frankreich/Deutschland/Portugal	Blätter/ Blütenrispen
Mandarine:	Brasilien/Spanien/Italien/China/ Argentinien/Kalifornien	Fruchtschalen
Melisse:	Tansania/Europa/Mittelmeerraum	Blätter

Ätherisches Öl	Ursprungsland	verarbeitete Pflanzenteile
Muskateller-salbei:	Bulgarien/Spanien/Frankreich/GUS/ USA/Marokko	Blütenrispen
Muskatnuß:	Indonesien/Westindien	Samen
Myrrhe:	Somalia/Äthiopien/Nordafrika	Baumrinde/Harz
Myrte:	Marokko/Österreich/Tunesien	Blätter
Nelke:	Madagaskar/Philippinen/Indien/ Sansibar	Blütenknospen
Neroli:	Tunesien/Frankreich/Ägypten/ Italien/Marokko/Portugal	Blüten
Niaouli:	Madagaskar/Australien/Ostindien	Zweige/Blätter
Orange:	Brasilien/Frankreich/Spanien/USA/ Israel	Fruchtschalen
Oregano:	Nordafrika/Europa/Asien/Ägypten	Blätter/ Blütenrispen
Palmarosa:	Madagaskar/Brasilien/Komoren/ Mittelamerika	ganze Pflanze
Patchouli:	Indonesien/China/Japan/Madagaskar/ Paraguay	Blätter
Petersilie:	Europa	Samen
Petitgrain:	Paraguay/Frankreich/Italien/ Brasilien	Blätter/Zweige
Pfeffer, schwarz:	Sri Lanka/Brasilien/Südostasien/ Indien	Beeren
Pfefferminze:	USA/China/Europa	ganze Pflanze
Piment:	Indien/Reunion	Beeren/Zweige
Rose:	Marokko/Bulgarien/Türkei/Frankreich	Blüten/ Blütenblätter
Rosenholz:	Brasilien	Holz
Rosmarin:	Spanien/Tunesien/Simbabwe/ Frankreich/Japan/Ex-Jugoslawien	Blüten/Blätter
Salbei:	China/Mittelmeerraum/Ex-Jugoslawien	Blüten/Blätter
Sandelholz:	Ostindien/Indonesien	Holz
Schafgarbe:	Europa/Afrika/USA/Westasien	Blütenrispen/ Blätter
Sellerie:	Indien/Frankreich	Samen
Spearmint:	USA/China/Europa Mittelmeerraum/GUS	Blütenrispen/ Blätter
Teebaum:	Australien/Tasmanien	Blätter/Zweige
Thymian:	Simbabwe/Ägypten/Mittelmeerraum Großbritannien/USA/Frankreich	Blätter/ Blütenrispen

Ätherisches Öl	Ursprungsland	verarbeitete Pflanzenteile
Veilchen:	Italien/Frankreich/England/ Griechenland/Ägypten	Blätter
Vetiver:	Indonesien/Philippinen/Komoren	Wurzeln
Wacholder:	Tirol/Indien/Nordafrika/Nordamerika/ Nordasien/Europa	Beeren
Weihrauch:	Somalia/China/Äthiopien/Libanon/ Südarabien	Baumrinde
Ylang-Ylang:	Komoren/Indonesien/Philippinen/ Seychellen	Blüten
Ysop:	Frankreich/Brasilien/Palästina/ Italien	Blätter/ Blütenrispen
Zedernholz:	Marokko/Mittel- und Nordamerika	Holz
Zimt:	Sri Lanka/Indien/Madagaskar	Rinde/Zweige/ Blätter
Zitrone:	Spanien/Brasilien/Israel/USA/ Argentinien	Fruchtschalen
Zypresse:	Frankreich/Mittelmeerraum/ Deutschland	Blätter/ Zweige

Was sind ätherische Öle?

Ätherische Öle sind aromatische Essenzen, die jeweils aus den Pflanzenteilen gewonnen werden, die der Pflanze ihre typischen Geruchs-, Farb- und Heileigenschaften verleihen. Manche meinen, in den Essenzen stecke die Seele oder Lebenskraft der Pflanze, andere glauben, es sei das Hormon und wieder andere, es sei die DNA. Wie dem auch sei, sie enthalten jenen Teil der Pflanze, der der Pflanze ihr einzigartiges Gepräge und ihre heilenden Eigenschaften verleiht.

Aus manchen Pflanzen läßt sich nicht nur ein einziges Öl gewinnen; so liefert zum Beispiel der Orangenbaum drei verschiedene Öle: Neroli aus den Blüten, Orange aus der Fruchtschale und Petitgrain aus den Blättern und Zweigen. Jedes dieser Öle riecht anders und bietet andere Einsatzmöglichkeiten. Neroli duftet nicht nur angenehm, sondern wirkt auch äußerst beruhigend und kann zur Behandlung von niedrigem Blutdruck eingesetzt werden. Auch in der Hautpflege leistet es wertvolle Dienste. Orange unterstützt die Verdauung und wirkt gegen Verstopfung, während Petitgrain vor allem in der Rekonvaleszenz und bei Schlaflosigkeit verwendet wird.

Wann werden die Pflanzen geerntet?

Für jede Pflanze gelten hier andere Regeln. Es geht nicht einfach nur darum, zu einer x-beliebigen Jahreszeit Pflanzen oder Blüten zu sammeln und Öl daraus zu gewinnen. Die Wahl des richtigen Erntezeitpunkts ist eine Kunst für sich. Zum Beispiel:

Pfefferöl:	wird aus unreifen Beeren hergestellt.
Korianderöl:	wird aus reifen Beeren gewonnen.
Jasmin:	Die Blüten werden nachts gepflückt, bevor die Blüte einen Tag alt ist.
Sandelöl:	wird gewonnen, wenn der Baum dreißig Jahre alt ist und eine Höhe von neun Metern erreicht hat.
Ylang-Ylang:	Die Blüten werden morgens geerntet, wenn sie am intensivsten duften.
Wacholder:	muß vor der Destillation getrocknet werden.
Rose:	sollte nach Möglichkeit direkt am Ort der Ernte verarbeitet werden, da sonst Öl verlorengeht.

Wie bei den Trauben, wo es gute oder schlechte Jahre mit entsprechend gutem oder weniger gutem Wein gibt, hängt auch die Reinheit und der Duft eines Öles von Faktoren wie Wetter sowie Erntemethoden, Erntezeit und Standort ab. Öle aus Pflanzen, die in einer natürlichen Umgebung in reiner Luft und unter optimalen klimatischen Bedingungen wachsen, sind sicherlich qualitativ hochwertiger als solche, für die Pflanzen aus unmittelbarer Nähe einer Autobahn mit all ihrer Abgasbelastung verwendet wurden.

Was sind die Inhaltsstoffe ätherischer Öle?

Jedes Öl weist eine unterschiedliche Molekularstruktur auf, die ihm sein individuelles Gepräge verleiht. Sie ist für den unverwechselbaren Geruch und die spezifischen Heilwirkungen eines Öls verantwortlich. Als Inhaltsstoffe kommen folgende Substanzen vor:

Alkohole:	Menthol, Linalol, Geranol, Nerol, Borneol.
Aldehyde:	Citral, Benzoe, Citronella, Vanillin.
Säuren:	Zimtsäure, Benzolsäure.
Phenole:	Eugenol, Thymol.
Ester:	Benzyl, Lonalyl.
Acetone:	Cineol, Jasmon, Iron.
Terpene:	Pinen, Kamphen, Terpineol, Phellandren, Limonen.

Jedes Öl hat einen komplexen chemischen Aufbau und eine einzigartige Kombination von Inhaltsstoffen. Eukalyptus beispielsweise wird aus zweihundertfünfzig verschiedenen Substanzen gebildet, so daß eine synthetische Herstellung so gut wie ausgeschlossen ist; und mag es auch gelingen, das Aroma chemisch zu simulieren, so wird ein künstliches Öl doch niemals die Heilkraft der reinen Essenz besitzen.

Woran erkennt man ätherische Öle?

- ✧ Ätherische Öle werden in konzentrierter Form in kleinen, dunklen Glasflaschen von meistens 10 ml Inhalt verkauft.
- ✧ Nachdem die Öle aus verschiedenen Pflanzenteilen gewonnen werden, weisen sie unterschiedliche Färbungen und Intensitäten auf. Manche sind braun, andere golden, wieder andere intensiv rot, grüngelb oder auch farblos. So sind Öle, die aus Blütenrispen oder -dolden gewonnen werden, wie

beispielsweise Geranium oder Lavendel, meist sehr dünnflüssig und fast glasklar, während Öle aus Baumrinden und Holz, wie Sandelholz oder Benzoe, dickflüssiger, dunkler und von beinahe gummiartiger Konsistenz sind.

- ✧ Trotz ihres Namens sind ätherische Öle in ihrer konzentrierten Form alles andere als ölig. Es handelt sich vielmehr um extrem flüchtige Essenzen. Träufelt man ein paar Tropfen davon auf ein Blatt Löschpapier und verschwinden diese nach einiger Zeit spurlos, ohne einen »Fettfleck« zu hinterlassen, so ist dies ein untrügliches Zeichen dafür, daß man es mit einem reinen ätherischen Öl zu tun hat.
- ✧ Das offensichtlichste Erkennungsmerkmal eines ätherischen Öls aber ist sicherlich der Geruch: Ein jedes riecht anders, und mit etwas Übung braucht man nur den Deckel abzuschrauben, um zu wissen, welches Öl man in Händen hält.

Manche Öle haben einen ausgesprochen angenehmen Geruch: Rose, Neroli, Rosenholz, Petitgrain, Jasmin, Ylang-Ylang.

Andere riechen nach Menthol: Eukalyptus, Pfefferminze, Niaouli, Cajeput.

Einige riechen holzig: Sandelholz, Rosenholz, Zedernholz.

Andere riechen zitronig: Orange, Limone, Zitrone, Grapefruit, Bergamotte.

Wieder andere riechen krautig: Rosmarin, Basilikum, Thymian, Muskatellersalbei, Wacholder, Fenchel.

Manche riechen nach Gewürzen: Zimt, Ingwer, Schwarzer Pfeffer, Nelke.

Andere riechen nach Desinfektionsmittel: Teebaum.

Wieder andere haben einen ganz einzigartigen Geruch, der sich kaum beschreiben läßt: Weihrauch, Myrrhe, Zypresse.

Wie werden die Öle gewonnen?

Nachdem ätherische Öle aus den verschiedensten Pflanzen, Bäumen und Blüten gewonnen werden, sind auch die Extraktionsmethoden unterschiedlich. Manche Pflanzen sind ausgesprochen ergiebig. So braucht man beispielsweise 70 bis 80 kg Pflanzenmaterial, um 1 kg ätherisches Lavendel-, Rosmarin- oder Teebaumöl zu gewinnen. Andere Pflanzen wiederum sind sehr empfindlich und darum weniger ergiebig: Man braucht 5000 kg Rosenblätter für 1 kg Rosenöl, und für 1 kg Jasmin Absolue sind 8 Millionen Blüten nötig. Faktoren wie diese entscheiden über die Wahl des Gewinnungsverfahrens – und natürlich über den Preis des Öls.

Wasserdampfdestillation

Dies ist das gebräuchlichste Verfahren zur Gewinnung ätherischer Öle. Dampf wird durch Fässer geleitet, in die die jeweiligen Pflanzenteile eingelegt wurden. Dadurch verflüchtigen sich die Öle. Kühlt der Dampf ab, ist das Öl von den Pflanzen gelöst und kann auf einfache Weise aufgefangen werden.

Lösungsmittelextraktion

Auch bei diesem Verfahren werden die Pflanzenteile in Fässer gefüllt, doch anstelle von Wasserdampf werden hier flüchtige Lösungsmittel hindurchgeleitet. Diese reichern sich mit den ätherischen Ölen an und werden anschließend gefiltert, um die Öle wieder zu separieren. Dieses Verfahren betrachten manche Hersteller jedoch mit großer Skepsis, weil in den so gewonnenen ätherischen Ölen gelegentlich Lösungsmittelrückstände enthalten sind. Mit der Zeit werden aber immer effizientere und umweltfreundlichere Lösungsmittel entwickelt. Eben jene Lösungsmittel, die in den Essenzen chemische Rückstände hinterlassen, haben aber bis in die jüngste Zeit hinein den Ruf dieses Verfahrens geschädigt.

Enfleurage

Hierbei werden die Blütenköpfe lagenweise zwischen Schichten von gereinigtem Fett oder Wachs gelegt, und man beläßt sie dort, bis das Fett mit dem Aroma gesättigt ist. Zur Ölgewinnung wird das Fett anschließend mit Lösungsmitteln oder Alkohol behandelt oder zentrifugiert und anschließend bei sehr niedriger Temperatur destilliert.

Auf diese Weise gewinnt man das sogenannte Absolue. Das Verfahren kann sich als ausgesprochen langwierig und kompliziert erweisen, und so sind die auf diese Weise hergestellten Öle entsprechend teuer. Wegen des großen Zeitaufwands werden immer weniger Essenzen nach dieser Methode gewonnen; gebräuchlich ist es vor allem für empfindliche Blüten wie Jasmin, Rose oder Neroli, da die bei anderen Verfahren wie der Destillation entstehende Hitze- und Druckeinwirkung dem ätherischen Öl schaden würde.

Kaltpressung

Dieses Verfahren ist vor allem zur Herstellung ätherischer Öle aus Zitrusfrüchten wie Limone, Zitrone, Orange, Grapefruit und Mandarine gebräuchlich. Dabei wird das Öl ganz einfach durch maschinelles Pressen der Fruchtschalen gewonnen.

Welche Eigenschaften haben ätherische Öle?

Alle ätherischen Öle haben antiseptische Eigenschaften. Manche wirken schmerzlindernd, antibiotisch, antiviral, krampflösend, antibakteriell, fungizid, aphrodisierend, balsamisch, harntreibend, entgiftend, menstruationsfördernd, schleimlösend, abführend, sedativ, belebend, tonisierend oder wundheilend, um nur einige der Wirkungen zu nennen. (Eine komplette Übersicht finden Sie im Anhang.)

Was bewirken ätherische Öle?

Wirklich bemerkenswert ist die umfassende Wirkung von ätherischen Ölen. Sie können gleichzeitig mit der Behandlung eines physischen Symptoms auch das emotionale Befinden eines Menschen verändern. Viele Klienten berichten, daß sie am Tag nach einer aromatherapeutischen Behandlung immer besonders gut gelaunt oder ausgeglichen sind. Dies liegt daran, daß die wohltuende Wirkung der Öle auf vielen verschiedenen Ebenen spürbar ist:

- ✧ Sie sind effizient bei der Behandlung physischer Symptome wie Magenverstimmungen, Kopfschmerzen, Bronchitis, Verrenkungen und Verstauchungen, Rückenschmerzen, Zellulitis.
- ✧ Sie heben die Stimmung und wirken gegen Depressionen, Trauer und Ärger.
- ✧ Sie vertreiben Müdigkeit, Konzentrationsmangel und Gedächtnisschwäche.

Mit ätherischen Ölen können Sie so gut wie alles behandeln, vom Streß über Zellulitis bis hin zu Verstopfung. Die Natur hält sozusagen für jede Brennessel ein Blatt Sauerampfer bereit, und so gibt es für alle Beschwerden und Symptome das richtige ätherische Öl. (Ein umfassendes Verzeichnis der Öle und deren Einsatzmöglichkeiten finden Sie im Anhang.)

Wie wirken ätherische Öle?

Ätherische Öle wirken auf zweierlei Weise:

1. Indem sie in den Körper eindringen. Bei der Massage geschieht dies durch die Haut, bei der Inhalation, indem sie sich an die Lungenwände anlegen, und bei oraler Einnahme über das Verdauungssystem (wenngleich letztere Methode nur unter Aufsicht eines erfahrenen Aromatherapeuten anzuraten ist).

Anschließend werden die Öle in den Blutkreislauf absorbiert. Ist ein Öl erst einmal in den Körper gelangt, kann es seine jeweilige Wirkung – balsamisch, fungizid, antibakteriell usw. – entfalten. Skeptiker könnten fragen, wie ein Mittel, das man einfach nur einatmet, effizient genug sein kann, um eine Krankheit zu bekämpfen. Doch bedenken Sie einmal, welch verheerende Wirkung von den Viren und Bakterien ausgeht, von denen wir in unserem Großstadtalltag umgeben sind: Auch sie gelangen einfach nur über die Atemluft in unseren Körper. Und schon haben wir eine Grippe, die selbst den gesündesten Menschen umwirft. Ätherische Öle sind auf die gleiche Weise positiv wirksam, und sie leisten wertvolle Dienste bei der Bekämpfung von Krankheiten und der Linderung von Symptomen. Micheline Arcier berichtet in ihrem Buch über Aromatherapie, wie im Rahmen eines Laborversuchs der Kopf eines Meerschweinchens mit ätherischem Lavendelöl eingerieben wurde. Schon fünfundzwanzig Minuten später waren Spuren der Essenz in den Nieren des Tieres nachweisbar. Andere Versuche haben ergeben, daß man eine gewisse Zeit nach dem Einreiben der Fußsohlen mit Knoblauch den unverkennbaren Geruch im Atem des Betreffenden wahrnehmen kann.

2. Durch das Aroma. Gerüche und Düfte haben eine ungeheure Wirkung auf uns, wenngleich wir die Bedeutung unseres Geruchssinns oft unterschätzen. Übler Schimmel- oder Modergeruch widert uns an und warnt uns, daß das, was so riecht, nicht gut für uns sein kann. Ja, der Mensch selbst sondert oft einen ganz bestimmten Geruch ab, wenn er krank ist, und viele Ärzte sind in der Lage, allein aufgrund eines säuerlichen oder schalen Geruchs auf gesundheitliche Probleme zu schließen. Auf die gleiche Weise hat auch das Gute und Gesunde einen eigenen Geruch. Der Duft von frischem Brot, frisch geschnittenem Gras oder betörendem Jasmin in einer lauen Sommernacht sagen uns, daß all das, was so riecht, lebendig und gut ist.

Jedes ätherische Öl hat einen unverwechselbaren Duft und eine ganz spezifische Wirkung; manche machen munter, andere wirken lindernd, wieder andere sind erfrischend oder auch im medizinischen Sinne heilkräftig. Das Aroma der ätherischen Öle wird über die Riechorgane aufgenommen und wirkt auf das limbische System des Gehirns. Gerüche beeinflussen das vegetative Nervensystem und den Hormonhaushalt. Diese wiederum steuern die Pulsfrequenz, Gefühle wie Ärger, Angst und Streß sowie das Gedächtnis. Denken Sie doch nur einmal daran, wie ein bestimmter Geruch in Ihnen lebhafte Erinnerungen an einen langvergessenen Ort in einer weit zurückliegenden Zeit wachrufen kann. Ein bestimmtes Parfüm holt einen Menschen ebenso klar ins Gedächtnis zurück wie jedes Foto. Gerüche haben Auslösefunktion, und so haben ätherische Öle mit ihrem jeweiligen, unverwechselbaren Geruch die Fähigkeit, in uns Reaktionen auszulösen.

Zur Beschreibung eines Ölduftes werden oft Worte wie »sauber« oder »erfrischend« gewählt, oder andere Begriffe, die etwas Gutes verheißen. Manche Aromatherapeuten lassen ihre Klienten ihre Öle selbst auswählen; dabei sollen sie sich von ihren momentanen Vorlieben leiten lassen. Die Klienten zieht es dann – oftmals ohne zu wissen, warum – gerade zu dem Öl hin, das für ihren Zustand das Optimale ist. So empfinden beispielsweise Menschen mit Bronchialbeschwerden oftmals mentholhaltige Düfte als besonders angenehm, weil diese ihnen Linderung verschaffen.

Anwendungsmethoden

Es gibt verschiedene Methoden zur Anwendung ätherischer Öle.

Massage

Dies ist die wohl gebräuchlichste Methode der Aromatherapie, und ganz sicher die allerangenehmste.

Ziel einer solchen Massage ist, neben der Beseitigung von körperlichen Verspannungen und einer Verbesserung der Durchblutung, die Öle in den Körper einzuschleusen, damit sie dort ihre Wirkung entfalten können.

Je nach den Bedürfnissen des einzelnen wird eine individuelle Mischung von Ölen zusammengestellt. Durch die Massage gelangen die Essenzen über die Haut in den Blutkreislauf. Nachdem es etwa sechs bis acht Stunden dauert, bis die Öle vollständig aufgenommen sind, sollte man nach einer aromatherapeutischen Massage eine Zeitlang auf das Duschen verzichten, damit diese ihre volle Wirkung entfalten kann. Was die aromatherapeutische Massage neben dem angenehmen Dufterlebnis so wertvoll macht, ist ja gerade die Tatsache, daß die Essenzen noch lange wirken, wenn die eigentliche Massage schon längst vorüber ist.

Ätherische Öle müssen jedoch unbedingt verdünnt werden, bevor sie auf die Haut aufgetragen werden. Kommen sie in konzentrierter Form mit der Haut in Berührung, führt dies zu meist heftigen Reaktionen; sie sind selbst für sehr unempfindliche Haut einfach zu stark und lösen in unverdünnter Form

Brennen oder gar Verätzungen aus. Aus diesem Grunde werden sie stets in Kombination mit einem sogenannten Basis- oder Trägeröl verwendet.

Trägeröle

Folgende Öle sind als Basisöle zur Verdünnung ätherischer Essenzen geeignet. Es sollten vorzugsweise kaltgepreßte Öle verwendet werden, da diese am reinsten sind.

- ✧ Mandelöl: ein aus Mandelkernen gewonnenes, leichtes, klares, blaßgelbes Öl. Es ist etwas teurer, doch ausgesprochen hautfreundlich. Gutes Mandelöl duftet außerdem sehr angenehm.
- ✧ Aprikosenkernöl: eignet sich besonders zur Gesichts- und Nackenbehandlung, da es sehr leicht ist und schnell einzieht. Es gehört zu den relativ teuren Basisölen.
- ✧ Sonnenblumenöl: ein weiteres beliebtes Öl für Körpermassagen, denn es ist überall erhältlich und dank seines hohen Vitamin-E-Gehalts gut für die Haut.
- ✧ Sojaöl: Das aus Sojapflanzen gewonnene Öl zieht schnell ein und eignet sich besonders für fettige Haut.
- ✧ Avocadoöl: wird aus Avocados gewonnen, ist etwas teurer und ausgesprochen gehaltvoll. Durch den hohen Anteil an Vitamin A und B macht es die Haut weich; besonders für trockene Haut geeignet.
- ✧ Weizenkeimöl: wird aus Weizenkeimen gewonnen, enthält Vitamin E und ist ausgezeichnet für trockene Haut. Viele empfinden es allerdings als zu schwer, und es riecht nicht sehr angenehm. Es kann mit anderen, leichteren Ölen gemischt werden, um deren Haltbarkeit zu verlängern.
- ✧ Sesamöl: wird aus Sesamsamen gepreßt; es ist gehaltvoller als andere Öle und riecht leicht nussig. Genau wie Weizenkeimöl wird es am besten in Kombination mit anderen, leichteren Ölen verwendet.

Etwa ein Eßlöffel Basisöl ist völlig ausreichend für eine Ganzkörpermassage. Man gibt es in eine kleine Schale und fügt dann die ätherischen Öle hinzu. In der Regel werden nicht mehr als drei verschiedene Essenzen pro Behandlung verwendet. Und von diesen drei Essenzen werden dem Basisöl nicht mehr als insgesamt sechs bis acht Tropfen beigegeben.

Lanolinhaltige Basisöle sollten in der Aromatherapie gemieden werden, da Lanolin von der Haut nicht absorbiert wird und bei Menschen mit empfindlicher Haut zu Reaktionen führen kann.

Aromatische Bäder

Dies ist die einfachste Art zur Anwendung ätherischer Öle. Träufeln Sie einfach sechs bis acht Tropfen vorzugsweise in das laufende, heiße Wasser, denn durch die Wärme kann sich der Duft besser entfalten und sich im Raum ausbreiten, während Sie baden. Mischen Sie die Öle mit den Händen ins Wasser, denn sie sind nicht wasserlöslich und sollten so gut wie möglich verteilt werden. Wenn an einer Stelle Öl auf dem Wasser schwimmt, kann es zu leichten Hautreizungen führen. Wird es hingegen gut verteilt, kann dies nicht geschehen, und das Öl wird absorbiert, ohne daß es zu unerwünschten Hautrekationen kommt.

Nur ein Teil des Öles mischt sich tatsächlich mit dem Wasser. Ein Großteil bleibt an der Oberfläche, und so werden die meisten Wirkstoffe durch die Hitze verdampft und über die Atmung in die Lunge aufgenommen, wo sie über die Lungenschleimhaut in die Blutbahn gelangen.

Manche Öle sind für Badeanwendungen ungeeignet, so zum Beispiel Zimt, Ingwer, schwarzer Pfeffer, Thymian, Salbei, Pfefferminze und Eukalyptus, denn diese könnten bei direktem Kontakt die Haut reizen. Alle Öle brennen auf der Haut, wenn sie zu stark dosiert werden, und so ist auf sparsame Verwendung zu achten.

Aromatische Bäder können belebend oder entspannend wirken. So ist beispielsweise ein morgendliches Bad mit Bergamotte, Rosmarin oder Basilikum erfrischend, und ein abendliches Bad mit Majoran, Kamille, Lavendel oder Rosenholz hilft, zur Ruhe zu kommen und sich so zu entspannen, daß man nachher gut schlafen kann.

Inhalation

Diese Methode ist besonders bei Nebenhöhlenproblemen, Husten, Halsschmerzen, Erkältung, Grippe und Bronchialbeschwerden angezeigt, kann aber ganz einfach auch dazu angewendet werden, an einem verkaterten Morgen wieder einen klaren Kopf zu bekommen.

Es gibt verschiedene Öle, die gegen Symptome im Nasen-, Nebenhöhlen- und Bronchialbereich helfen: Eukalyptus, Cajeput, Niaouli, Sandelholz, Kiefer und Teebaum, wobei letzteres in der Inhalation ausgesprochen sanft und doch sehr wirkungsvoll ist.

Diese Methode ist zur Vorbeugung gut geeignet, vor allem, wenn gerade ein Virus oder eine Grippe im Umlauf ist. So tötet Eukalyptus dank seiner antiviralen Eigenschaften jeden herumschwirrenden Krankheitskeim ab, noch bevor er sich einnisten kann.

Es gibt zwei Inhalationsarten:

1. Füllen Sie eine Schüssel mit kochendem Wasser, und fügen Sie einige Tropfen ätherisches Öl hinzu. Halten Sie den Kopf darüber, legen Sie sich ein Handtuch über den Kopf, und atmen Sie den Dampf tief ein; bei Bedarf das Handtuch heben, um frische Luft zu schöpfen.

2. Legen Sie sich einen Dampfinhalator zu. Er ist in Sanitätshäusern und eventuell in Apotheken erhältlich, kostet allerdings ca. 360 Mark. In das Gerät wird etwas Wasser eingefüllt, das dann elektrisch erhitzt wird. Sobald sich Dampf bildet, fügen Sie drei bis vier Tropfen ätherisches Öl hinzu, halten den Ansatz des Gerätes über ihre Nase und atmen tief. Der Vorteil eines elektrischen Dampfinhalators besteht darin, daß der Dampf stets auf Temperatur bleibt; wenn Sie also zwischendurch immer wieder frische Luft brauchen und dann weiterinhalieren möchten, bleibt das Wasser stets heiß.

Da ätherische Öle ihre Wirkung am besten unter Hitzeeinwirkung entfalten, lohnt sich die Anschaffung eines Dampfinhalators für jeden, der sehr anfällig ist und ohne Husten, Erkältung, Grippe und Bronchialbeschwerden durch den Winter kommen möchte.

Umschläge und Kompressen

Diese Methode wird angewandt, wenn man bestimmte Körperstellen – etwa einen verstauchten Knöchel oder den Bauch bei Menstruationskrämpfen – mit ätherischen Ölen behandeln will. Hierzu wird lediglich eine Bandage, ein Lappen oder ein Tuch in Wasser getaucht, das mit dem gewünschten ätherischen Öl versetzt ist. Je nach Anwendungszweck gibt es heiße oder kalte Umschläge. Bei einer Verstauchung wirkt ein kalter Umschlag kühlend, verhindert das Anschwellen und lindert den Schmerz. Bei Menstruationsbeschwerden hingegen ist eher ein heißer Umschlag angezeigt. In diesem Fall wäre Kamillenöl gut geeignet, da es sowohl schmerzlindernd als auch krampflösend und abschwellend wirkt. Das feuchte Tuch wird auf die jeweils betroffene Körperpartie aufgelegt und dort so lange belassen, wie man es als angenehm empfindet.

Verdampfung

Hier werden die Öle erhitzt und breiten so ihr Aroma im Raum aus. Dies kann auf folgende Weise geschehen:

1. Geben Sie ein paar Tropfen ätherisches Öl in eine Schüssel mit Wasser und stellen diese neben den Heizkörper. Durch die Wärme entfaltet sich der Duft im Raum.
2. Viele Anbieter von ätherischen Ölen haben Duftlampen in ihrem Sortiment. Diese sind in der Regel aus Ton gefertigt und etwa so groß wie eine kleine Vase. Sie haben zwei Teller: einen unteren, auf den man ein Teelicht stellt, und einen oberen, in den das Öl eingefüllt wird. Zündet man die Kerze an, wird das Öl erhitzt und gibt sein Aroma an die Luft ab.
3. Ein kleines Handtuch in Wasser tauchen, auswringen, sechs bis acht Tropfen ätherisches Öl darauf tropfen und das Handtuch auf den Heizkörper legen. Während es trocknet, ist der ganze Raum mit dem Duft des Öles erfüllt.

Jede dieser Methoden ist geeignet, um Atmosphäre zu schaffen, einen angenehmen Duft zu verbreiten oder die Atemluft zu reinigen. In der Tat wäre das Verdampfen von ätherischen Ölen in Krankenhäusern, in den Wartezimmern von Arztpraxen, in Büros und Schulen, ja überall, wo Menschen mit Krankheitskeimen in Kontakt kommen, eine ideale Sache. Viele meiner Bekannten greifen auf diese Methode zurück, wenn jemand krank ist, und verdampfen ätherische Öle im Krankenzimmer. Diese verbreiten nicht nur einen angenehmen Duft rings um den Kranken (zumal die Luft in Krankenzimmern leicht stickig wird), sondern schützen gleichzeitig die Gesunden vor einer Ansteckung mit dem Virus bzw. dem Keim, an dem der Betreffende erkrankt ist.

Raumspray

Geben Sie ein paar Tropfen ätherisches Öl in eine mit lauwarmem Wasser gefüllte Sprühflasche, und verteilen Sie dies als Frische- und Duftspray im Raum. Wegen ihres angenehmen Geruchs und der keimtötenden Wirkung sind Kiefer, Zitrone und Lemongrass für diesen Zweck besonders geeignet.

Einnahme

Zur oralen Anwendung werden ätherische Öle stets mit warmem Wasser oder Alkohol verdünnt und dann einfach eingenommen. Diese Methode sollte jedoch ausschließlich unter der Aufsicht eines erfahrenen, qualifizierten Aromatherapeuten angewandt werden. Eine falsche Dosierung könnte ernstliche Nebenwirkungen zur Folge haben! Die anderen Anwendungsarten sind ebenso effizient und zudem viel sicherer.

Wie und wann dürfen ätherische Öle nicht verwendet werden?

- ✧ Ätherische Öle immer verdünnen! Niemals in konzentrierter Form zur Massage verwenden, da dies zu Hautreaktionen führen würde, sondern immer mit Basisölen wie Sonnenblumen-, Traubenkern- oder Mandelöl verdünnen. Lavendel und Teebaum sind die einzigen beiden Ausnahmen: Sie dürfen direkt auf Wunden und Verbrennungen aufgetragen werden.
- ✧ Öle niemals oral einnehmen, da das falsche Öl oder die falsche Dosierung ernstliche Nebenwirkungen verursachen können. Lassen Sie sich von einem qualifizierten Aromatherapeuten beraten. Bei falscher Dosierung kann es zu Erbrechen, Reizung der Magenschleimhaut und bei manchen Ölen sogar zu epileptischen Anfällen kommen.

- Während der Schwangerschaft ist Vorsicht geboten. Manche Öle wirken menstruationsfördernd und könnten eine Fehlgeburt auslösen (welche Öle dies sind, erfahren Sie in Kapitel 10).
- Ätherische Öle nicht in die Augen gelangen lassen, denn sie brennen.
- Folgende Öle können besonders bei empfindlicher Haut zu Reizungen führen: Salbei, Zimt, Nelke, Ingwer, Pfefferminze, Basilikum, Fenchel, Lemongrass, Rosmarin, Thymian. Sie können auch bei empfindlicher Haut angewandt werden, sind dann jedoch sehr stark zu verdünnen.
- Wer an Epilepsie leidet, sollte folgende Öle meiden: Fenchel, Ysop, Rosmarin und Wermut. Diese Öle können bei falscher Dosierung einen Anfall auslösen.
- Patienten, die an Hepatitis, Parkinson, Diphterie oder Krebs erkrankt sind, sollten ätherische Öle nur nach Rücksprache mit ihrem Arzt und seiner ausdrücklichen Zustimmung anwenden.
- Während einer homöopathischen Behandlung sollten Sie vor der Verwendung von ätherischen Ölen mit Ihrem Homöopathen Rücksprache nehmen, da manche der Essenzen die Wirkung homöopathischer Arzneimittel aufheben. Vor allem Kampfer, Pfefferminze, schwarzer Pfeffer und Eukalyptus sind in diesem Zusammenhang zu meiden.
- Für Kinder Mischungsverhältnis auf eins zu hundert reduzieren.
- Öle außer Reichweite von Kindern und Haustieren aufbewahren.
- Wenden Sie sich in allen Zweifelsfällen an einen erfahrenen Aromatherapeuten.

Wie soll ich angesichts der großen Vielfalt das richtige Öl aussuchen?

Wer sich zum ersten Mal mit ätherischen Ölen befaßt, fühlt sich oft überwältigt angesichts der großen Vielfalt an Essenzen und der Tatsache, daß ein und dasselbe Öl gegen so viele verschiedene Beschwerden hilft. So hat man bei Rheuma die Wahl zwischen Rosmarin, Zypresse, Lavendel, Kamille, Bay, Majoran und vielen anderen mehr. Da fragt sich der Anfänger: Was denn nun? Alle diese Öle? Oder nur eines davon? Und welches ist das jeweils beste für meinen ganz speziellen Fall?

Viele ätherische Öle sind in der Tat ausgesprochen vielseitig, und alle haben ihren Nutzen. Es gibt jedoch eine Reihe von Essenzen, die im allgemeinen häufiger verwendet werden als andere. Dies hat folgende Gründe:

1. Sie sind überall erhältlich. So sind zum Beispiel Lavendel und Rosmarin stets verfügbar, da die Pflanzen in großen Mengen wachsen und auf dem Wege der Destillation leicht gewonnen werden können.
2. Sie sind billiger als andere Öle. So helfen zum Beispiel sowohl Fenchel als auch Lemongrass und Rose (unter anderem) bei Verdauungsstörungen. Rose kostet aber vierzig- bis fünfzigmal mehr als Lemongrass und Fenchel. Alle drei Öle lindern die Beschwerden, und Rose ist nicht etwa deshalb so viel teurer, weil es besser wirken würde. Der hohe Preis hat vielmehr damit zu tun, daß Rosenöl schwieriger zu gewinnen ist. Und so würde ich Rosenöl für solche Fälle aufbewahren, in denen kein anderes Öl hilft, beispielsweise Trauer um den Tod eines geliebten Menschen. Oder ich würde es für ein Luxuspflegemittel für die Haut verwenden, wo es besonders effizient ist.
3. Sie riechen angenehmer. Wacholder und Fenchel sind beides ausgezeichnete harntreibende Mittel, doch manche Men-

schen stören sich am strengen Geruch des Fenchels und entscheiden sich so für Wacholder. Wenn Sie länger mit ätherischen Ölen gearbeitet haben, werden auch Sie feststellen, daß Ihnen manche Essenzen mehr liegen als andere.

Wie werden ätherische Öle aufbewahrt?

1. Ätherische Öle vor Hitze und direkter Sonneneinstrahlung schützen und vorzugsweise an einem kühlen Ort aufbewahren. Man kann die Öle auch in den Kühlschrank stellen. Aber dies verlängert zwar ihre Haltbarkeit, doch oftmals werden sie durch die Kälte dickflüssig und müssen sich erst wieder erwärmen, bevor sie sich leicht aus der Flasche schütteln lassen.
2. Ätherische Öle immer in Glasflaschen aufbewahren, da manche der Essenzen so aggressiv sind, daß sie Kunststoff anlösen.
3. Achten Sie darauf, daß die Ölfläschchen immer beschriftet sind. Man braucht schon einige Übung, um Öle allein an ihrem Geruch zu erkennen; nachdem die Flaschen bei häufigem Gebrauch aber oftmals ölig werden und die Etiketten leicht herunterrutschen, stünden Sie vor dem Dilemma, sich allein am Geruch orientieren zu müssen.
4. Ölfläschchen stets verschlossen halten, da Sauerstoff, Licht, Wärme und Feuchtigkeit die Qualität der Essenzen beeinträchtigt. All diese Faktoren bestimmen die Haltbarkeit ätherischer Öle. Die meisten lassen sich im Kühlschrank bis zu zwei Jahre aufbewahren, sonst halten Sie etwa ein Jahr. Verdorbene Öle riechen leicht ranzig.
5. Nach der Verdünnung mit Trägeröl sind ätherische Öle nur noch ein paar Monate haltbar. Bewahrt man sie im Kühlschrank auf, halten sie länger.

Es ist ratsam, anfangs kleine Mengen zu kaufen. Mit zunehmender Erfahrung werden Sie feststellen, welche Aromen

Ihnen am besten liegen, welche Sie am häufigsten benutzen und welche in der hinteren Ecke der Schachtel bleiben und kaum einmal hervorgeholt werden.

4.
Ätherische Öle in der Praxis: Beim Aromatherapeuten oder im Hausgebrauch

Wenn Sie die vielfältigen Wirkungen der ätherischen Öle nutzen wollen, haben Sie zwei Möglichkeiten: Entweder begeben Sie sich in die Obhut eines erfahrenen Aromatherapeuten, oder Sie lernen selbst, mit ätherischen Ölen umzugehen.

Behandlung beim Aromatherapeuten

Wie finde ich den richtigen Therapeuten?

In Deutschland dürfen offiziell nur Heilpraktiker Aromatherapie anbieten. Und da ein praktizierender Heilpraktiker eine entsprechende Ausbildung haben muß, können Sie sich in sicheren Händen wähnen.

Schwieriger wird es, herauszufinden, welcher Heilpraktiker auch eine aromatherapeutische Ausbildung hat. Denn wie schon erwähnt, gibt es in Deutschland keine Stelle, wo die praktizierenden Aromatherapeuten, oder die Heilpraktiker, die Aromatherapie anbieten, erfragt werden können. Also müssen Sie bei Heilpraktikern in Ihrer Stadt (Branchenbuch) nachfragen, wer Aromatherapie anbietet, oder Sie erkundigen sich in den entsprechenden Geschäften (Naturkostläden, Geschäfte für Naturkosmetik) nach Adressen. Wenn jemand Aromatherapie anbietet, ohne eine Heilpraktiker-Ausbildung zu haben, darf er sich nicht Aromatherapeut nenne, sondern z.B. Aroma-Praktiker oder Aromatologe.

Auf welche Qualifikationen kommt es an?

Natürlich müssen Sie sich vor allem wohl fühlen. Lassen Sie sich nur von jemandem behandeln, der ihnen auch sympathisch ist. Scheuen Sie sich nicht, einfach mal unverbindlich in der ausgewählten Praxis vorbeizugehen und zu sehen, welche Atmosphäre dort herrscht, ob es Ihnen dort gefällt.

Wenn Sie nicht zu einem Heilpraktiker gehen, fragen Sie nach der Ausbildung. Jemand, der nur ein paar Vorträge gehört oder ein Wochenendseminar besucht hat, ist sicher nicht wirklich kompetent.

Ein qualifizierter Aromatherapeut oder Aroma-Praktiker hat normalerweise einen kompletten Satz von zwanzig bis vierzig verschiedenen Ölen zur Verfügung und stellt daraus für jeden seiner Klienten eine ganz individuelle Mischung zusammen. Er kennt unter anderem Kontraindikationen, unerwünschte Nebenwirkungen bestimmter Öle, das richtige Mischen und Dosieren, und er weiß, welches Öl wann anzuwenden ist.

Manche Kosmetikstudios oder gar Fitnessclubs haben drei oder vier aromatherapeutische Basismixturen im Regal stehen, die sie ihren Klienten anbieten, wenn diese zur Aromatherapie kommen: eine zum Entspannen, eine zum Muntermachen und eine zur Zellulitis- oder Sportmassage.

Diese Mischungen sind zwar in der Regel nach aromatherapeutischen Grundsätzen zusammengestellt, aber es macht natürlich einen gewaltigen Unterschied, ob man aus drei Fertigmixturen wählen kann oder sich beim qualifizierten Therapeuten aus etwa dreißig Einzelölen eine individuelle Mischung zusammenstellen läßt; die Wirkung ist hier eine ganz andere, als bei einer Standardmischung, die für jedermann gedacht ist.

Nehmen wir zum Beispiel einen Menschen, der zur Behandlung kommt, weil er sich nicht richtig entspannen kann. Es mag verschiedene Gründe geben, warum dies der Fall ist, und dies wiederum äußert sich in unterschiedlichen Symptomen:

- ✧ Emotionale Trauer; hier würde Rose helfen.
- ✧ Muskelverspannungen infolge schlechter Haltung oder einer Sportverletzung; hier wären Rosmarin und Ingwer angezeigt.
- ✧ Schlafstörungen; in diesem Fall wäre Majoran zu verordnen.
- ✧ Innere Unruhe; in diesem Fall wäre Melisse zu wählen.
- ✧ Kopfschmerzen; sie sprechen am besten auf Pfefferminz oder Lavendel an.
- ✧ Ekzeme, die sich infolge von Streß bilden können; hier würde Lavendel, Kamille, Geranie oder Wacholder helfen.
- ✧ Rückenschmerzen.
- ✧ Geistige Erschöpfung.

Die Liste ließe sich beliebig verlängern, da jeder Klient je nach seiner persönlichen Lebenssituation und seinen Gewohnheiten etwas anderes braucht. Und in jedem Fall würde bei einem qualifizierten Aromatherapeuten die Mischung anders ausfallen.

Die Kombinationsmöglichkeiten sind ausgesprochen vielfältig. Die vielerorts angebotenen Standard-Entspannungsmischungen enthalten oftmals tatsächlich ätherische Öle und können sich in der Massage als sehr angenehm erweisen. Doch wenn ein Klient sich an jemanden wendet, der sich als Aromatherapeut bezeichnet, und auch bereit ist, dafür etwas mehr zu bezahlen, hat er Anspruch auf dessen Erfahrenheit in der Kunst, die richtige Mischung für seine ganz persönlichen, aktuellen Anforderungen und Bedürfnisse zusammenzustellen. Wer keine entsprechende Ausbildung hat, sollte der Ehrlichkeit halber eine Massage mit ätherischen Ölen und nicht eine aromatherapeutische Behandlung anbieten.

Was geschieht während einer aromatherapeutischen Behandlung?

Beim ersten Termin stellt der Aromatherapeut zunächst eine Reihe von Fragen, um folgendes zu klären bzw. festzuhalten:

- ✧ Ihre persönlichen Daten fürs Archiv.
- ✧ Dinge in Ihrer Krankengeschichte, die der Aromatherapeut wissen sollte: Allergien, Beschwerden, frühere Erkrankungen oder Empfindlichkeiten. Aufgrund dieser Informationen kann er sich ein Bild von Ihnen machen und zugleich auf bestimmte Kontraindikationen achten. Wenn Sie beispielsweise an Diabetes oder Epilepsie leiden oder schwanger sind, müßte er die zu verwendenden Öle mit besonderer Sorgfalt auswählen.
- ✧ Informationen über Ihre Lebensweise: Arbeit, Ernährung, Schlafgewohnheiten. Auch dies hilft dem Therapeuten, die optimalen Öle für Sie zu bestimmen.
- ✧ Der Grund der Behandlung. Sind Sie zur Behandlung bestimmter Beschwerden gekommen, suchen Sie nach Entspannung, oder möchten Sie sich einfach nur verwöhnen lassen?
- ✧ Manche Aromatherapeuten fragen auch nach der Anschrift Ihres Hausarztes, um – Ihre Zustimmung vorausgesetzt – mit diesem Rücksprache zu nehmen.
- ✧ Zudem wird laufend notiert, welche Öle wann und mit welcher Methode angewandt wurden.

Nach dem Informationsgespräch bittet er sie, sich auszuziehen und auf eine Massagebank zu legen, wo Sie in Tücher gehüllt werden. Ein Aromatherapeut weiß, daß es manchen Menschen unangenehm ist, sich nackt zu zeigen; also bedeckt er die Körperteile, die gerade nicht behandelt werden, stets mit Handtüchern.

Anschließend rührt der Therapeut die für Sie ausgewählten ätherischen Öle in das Trägeröl ein und massiert sie damit. Manche beginnen die Massage am Rücken, andere an den Füßen. Doch wie dem auch sei – das Öl wird mit verschiedenen Griffen und Streichbewegungen am gesamten Körper einmassiert.

Während der Behandlung brauchen Sie nicht zu sprechen. Aromatherapie ist kein gesellschaftliches Ereignis, und man hat am meisten davon, wenn man einfach abschaltet, sich der Erfahrung überläßt und die wohltuende und -riechende Entspannung genießt.

Nach der Massage folgt in der Regel eine Ruhezeit, und Sie dürfen so lange liegenbleiben, bis Sie sich zum Aufstehen bereit fühlen. Nachdem es vier bis acht Stunden dauern kann, bis die ätherischen Öle in den Blutkreislauf gelangt sind, wird den Klienten geraten, so lange mit dem Baden und Duschen zu warten, damit sich die Wirkung voll entfalten kann. Nach der Behandlung wird der Aromatherapeut Ihnen entweder eine Fortsetzung der Behandlung in seiner Praxis vorschlagen oder Ihnen Empfehlungen mit auf den Weg geben, wie Sie die Öle zu Hause selbst anwenden können, und Ihnen je nach Ihren spezifischen Bedürfnissen die richtigen Essenzen zum Baden oder Inhalieren zusammenstellen. Eventuell erhalten Sie auch Ratschläge zu Ihrer Lebensweise. So wird beispielsweise bei Zellulitis manchmal eine Ernährungsumstellung oder bei einem steifen Rücken leichte Gymnastik empfohlen.

Wie lange dauert eine Behandlung?

Eine aromatherapeutische Behandlung dauert in der Regel zwischen einer und eineinhalb Stunden; es gibt jedoch auch Therapeuten, die halbstündige Behandlungen anbieten. Sich eine Stunde Zeit zu nehmen, ist jedoch insofern besser, als man oft zwanzig Minuten braucht, um richtig zu entspannen. Und dann ist eine halbe Stunde einfach zu kurz!

Welches ist der beste Zeitpunkt für eine Behandlung?

Der Termin für die Behandlung sollte möglichst so gelegt werden, daß man nachher nichts Wichtiges mehr vorhat. Dies hat zweierlei Gründe:

1. Um möglichst viel von der Behandlung zu haben, sollte man sich entspannen und Körper und Geist das Gefühl geben, einmal richtig abschalten zu können. Wenn Sie gleich nach der Massage aufspringen und zum nächsten Termin rennen, macht das einen Teil der Wirkung zunichte.

2. Nach der Behandlung (vor allem der ersten) fühlt man sich manchmal etwas müde. Ätherische Öle sind kraftvolle Essenzen und können einiges auslösen. Tag für Tag werden an uns so viele Anforderungen gestellt, daß wir gar nicht mehr wissen, wo uns der Kopf steht. Bei einer aromatherapeutischen Behandlung kommen wir wieder mit uns selbst in Berührung, und so sollten wir den Termin nach Möglichkeit auf einen Tag legen, an dem hinterher keine großen Anforderungen mehr an uns gestellt werden.

Wie oft soll man sich behandeln lassen?

Die Häufigkeit der Behandlung hängt von mehreren Faktoren wie der Akutheit der Beschwerden, dem individuellen Bedürfnis und nicht zuletzt dem Kontostand ab. Manche gehen regelmäßig alle ein bis zwei Wochen zur Behandlung, andere gehen einmal im Monat, wieder andere buchen bei Bedarf eine Behandlungsserie oder nur ab und zu einen Termin. Auch das ist in Ordnung, denn wenig ist besser als gar nichts.

Wegen der vorbeugenden Wirkung der Aromatherapie ist es für Menschen mit bestimmten gesundheitlichen Schwächen ratsam, regelmäßig zur Behandlung zu gehen, und sei es auch nur in einem Rhythmus von acht Wochen. Wer beispielsweise in seinem Beruf unter großer Anspannung steht, kann durch regelmäßige aromatherapeutische Behandlung verhindern, daß aus kleinen Symptomen große werden.

Wer sich wegen bestimmter Beschwerden an einen Aromatherapeuten wendet, sollte sich mehrere Termine kurz hintereinander geben lassen, bis die Beschwerden abgeklungen sind oder sich der Zustand deutlich gebessert hat. Leidet man beispielsweise wegen vorübergehender Anspannung unter Kopfschmerzen oder Migräne, ist es mit einer Behandlung sicher nicht getan. Nach einer Reihe von Sitzungen wird es dem Therapeuten aber sicher gelungen sein, einen Großteil der Verspannungen zu lösen, die hinter den Kopfschmerzen stehen.

Es sei hinzugefügt, daß Sie nicht unbedingt gestreßt oder krank sein müssen, um sich eine aromatherapeutische Behandlung zu gönnen. Viele gehen zum Aromatherapeuten, um sich einfach etwas Gutes zu tun, denn so eine Behandlung ist nicht nur wirkungsvoll, sondern auch ausgesprochen angenehm. So entsteht das Gefühl, sich einmal richtig verwöhnen zu lassen und gleichzeitig etwas für die Gesundheit zu tun.

Was kostet eine Behandlung?

Die Preise variieren sehr stark. Sie müssen mit 80 bis 200 Mark für eine ein- bis eineinhalbstündige Sitzung rechnen. Manche Aromatherapeuten kommen auch zu Ihnen nach Hause, doch dieser Service muß natürlich extra bezahlt werden.

Meistens sind die Öle im Preis inbegriffen, manchmal werden sie aber auch gesondert berechnet; am besten, Sie fragen vorher nach. Manche Öle sind sehr teuer, und wenn zum Beispiel Jasmin verwendet wird, müssen Sie dies eventuell zusätzlich bezahlen.

Ist eine aromatherapeutische Behandlung wie die andere?

Nein. Und zwar aus zwei Gründen.

1. Jeder Aromatherapeut hat seine eigene Persönlichkeit, Arbeitsweise und oft auch Zusatzqualifikationen. Selbst wenn zwei Therapeuten die gleiche Ausbildung absolviert haben, kann die Behandlung ganz anders sein, da jeder seine persönliche Note hineinbringt. Manche massieren sehr sanft, andere gehen mehr in die Tiefe.

Da in Deutschland die Aromatherapie im Rahmen einer Heilpraktikerausbildung gelernt wird, sind die Behandler auch in anderen Behandlungsformen geschult, wie Reflexzonenmassage, Shiatsu, Lymphdrainage sowie Gesichts- oder Sportmassage. Davon profitieren Sie natürlich in der Behandlung. Probieren Sie ruhig verschiedene Therapeuten in Ihrer Umgebung aus, bis Sie jemanden gefunden haben, der Ihnen sympathisch ist und dessen Arbeitsweise Ihnen liegt. Eine Empfehlung von Bekannten ist oft ein guter Tip.

2. Der Aromatherapeut paßt seine Behandlung und die gewählten Öle an die sich wandelnden Bedürfnisse des Klienten an. So widmet er sich in einer Sitzung vielleicht besonders Ihrem Rücken und das nächste Mal Ihrem Nacken. Einmal wählt er Öle zur Entspannung, so daß Sie sich nach der Massage am liebsten gleich ins Bett legen würden, ein andermal verwendet er eine revitalisierende Mischung, so daß sie sich danach erfrischt und fit für den Tag fühlen.

Aromatherapie für den Hausgebrauch

Wenngleich eine aromatherapeutische Behandlung bei einer qualifizierten Fachkraft sowohl angenehm als auch wirkungsvoll ist, haben viele Menschen, denen sie gut täte, leider nicht die Zeit oder das Geld, um sie in Anspruch zu nehmen. Dies muß kein Hindernis sein.

Sich mit den Grundbegriffen der Massage und dem Umgang mit ätherischen Ölen vertraut zu machen, kann die beste Investition Ihres Lebens sein, wenn Sie Ihren Kindern und Freunden oder Ihrem Partner etwas Gutes tun möchten. Hierbei bieten sich zwei Möglichkeiten an:

Kurse und Seminare

Manche Heilpraktikerschulen (Adressen finden Sie im *Branchenbuch*) bieten Veranstaltungen zur Aromatherapie an, die jeder besuchen kann. Dies sind jedoch oft reine Informationsveranstaltungen, die lediglich eine Einführung bieten.

Einige der Firmen, die ätherische Öle vertreiben, haben auch Seminare und Kurse in ihrem Programm. Im Anhang sind einige Adressen mit entsprechendem Vermerk aufgeführt. Ansonsten gilt: Fragen Sie in den örtlichen Geschäften für Naturkosmetik oder Naturkostläden nach, wo es solche Kurse gibt, oder schauen Sie in einer der Zeitschriften für Naturmedizin (Anhang) nach Veranstaltungen.

In den Kursen werden Sie in der Regel eingehend über die Wirkung und die Anwendung ätherischer Öle informiert. Massagetechnik wird dort meistens nicht vermittelt, doch viele Volkshochschulen oder andere Bildungsstätten bieten Massagekurse an.

Aromatherapie aus Büchern lernen

Bücher sind die am leichtesten zugängliche Quelle, um sich über Aromatherapie zu informieren. Es gibt inzwischen eine große Auswahl an Literatur – nicht zuletzt das Buch, das Sie gerade in den Händen halten.

Im nächsten Kapitel erfahren Sie, welche Öle für den Hausgebrauch am nützlichsten sind. Diese können, wie in Kapitel 3 beschrieben, auf verschiedene Weise angewandt werden:

- ✧ Zur Inhalation im Winter, wenn die Familie wieder einmal von Husten, Erkältungen und verstopften Nebenhöhlen geplagt wird.
- ✧ Zur Verdampfung.
- ✧ In aromatischen Bädern. Lesen Sie nach, welche Öle für den Hausgebrauch unbedenklich sind, welche zu Hautreizungen führen könnten und bei welchen Gegenindikationen zu beachten sind (siehe Kapitel 3). Bei sachgemäßer Verwendung kann die ganze Familie von ätherischen Ölen profitieren. Ein Bad mit Kamille oder Lavendel bringt Entspannung nach einem anstrengenden Tag, mit Bergamotte und Rosmarin bringt es uns morgens auf Touren, und mit Wacholder entgiftet es und vertreibt so den Kater.
- ✧ Massage.

Vorbereitungen für eine Massage

Für eine Massage brauchen Sie:

1. Einen warmen Raum. Es kommt sehr darauf an, daß man sich bei einer Massage wohl fühlt, und man kann sich nur schwer entspannen, wenn man ausgezogen daliegt und vor Kälte zittert. Außerdem sinkt die Körpertemperatur ab, wenn man ruhig daliegt. Also achten Sie darauf, daß der Raum ausreichend beheizt ist.

2. Wärmen Sie die bereitgelegten Handtücher vor. Am besten, Sie legen sie einfach auf den Heizkörper (falls vorhanden). Für den Klienten unterstreicht dies das Gefühl, umsorgt zu werden, und er wird sich noch mehr entspannen und sich verwöhnt fühlen.

3. Eine flache Unterlage, auf der der Klient bequem liegen kann, und ausreichend Platz ringsum, damit Sie sich ungehindert bewegen können.

4. Gedämpftes Licht. Niemand hat Lust, in das grelle Licht einer 200-Watt-Deckenleuchte zu starren. Gibt es in Ihrem Raum keine indirekte Beleuchtung, leisten Sie sich ein paar Kerzen. Doch achten Sie beim Aufstellen darauf, daß sie sicher stehen und nicht versehentlich umgestoßen werden können.

5. Hintergrundmusik (falls erwünscht). Viele Menschen können besser abschalten, wenn sie mit sanfter Musik abgelenkt werden und einmal nicht an die nächste Tilgungsrate für ihr Darlehen oder das Programm für den kommenden Arbeitstag zu denken brauchen. Lassen Sie den Klienten die Musik selbst wählen, denn jeder hat seinen eigenen Geschmack.

6. Eine Auswahl an ätherischen Ölen, ein Basisöl zur Verdünnung und eine kleine Schale zum Mischen.

Stellen Sie außerdem den Anrufbeantworter an, und nehmen Sie sich ausreichend Zeit, um wirklich ungestört zu sein – vielleicht sind Sie in der nächsten Woche selbst dran...

Wo kann man ätherische Öle kaufen?

Ätherische Öle erfreuen sich zunehmender Beliebtheit und sind heute vielerorts in gut sortierten Drogerien, Reformhäusern und Naturkostläden erhältlich. Es gibt auch viele aromatherapeutische Fertigprodukte, von Hautcremes über Haarshampoos bis hin zu Badelotionen.

Sie können ätherische Öle und Pflegeprodukte auch bei den im Anhang aufgeführten Versandhändlern bestellen. Diese liefern ausschließlich reine, unverfälschte, authentische ätherische Öle der allerbesten Qualität. Sie können eine Preisliste für konzentrierte Essenzen anfordern und werden feststellen, daß das Sortiment auch Basisöle, Duftlampen und die verschiedensten natürlichen Schönheitsprodukte von der Hautpflege über Seifen bis hin zu Badeölen umfaßt.

Was kosten ätherische Öle?

Die nachstehende Übersicht informiert Sie darüber, was die verschiedenen Öle in etwa kosten. Es handelt sich hier um Durchschnittspreise, die aus Preislisten vom Herbst 1996 der im Handel erhältlichen Produkte zusammengestellt wurden.

Sie werden feststellen, daß die Preise für die verschiedenen Öle bei gleicher Menge erheblich variieren. So sind beispielsweise Eukalyptus und Zitrone sehr viel preiswerter als zum Beispiel Jasmin oder Neroli. Das bedeutet keinesfalls, daß die billigeren Öle geringere Heilwirkungen haben. Sie sind einfach nur in größeren Mengen verfügbar, weil sie leichter zu ernten und zu gewinnen sind. Der Preis ist auch eine gute Hilfe, um zu sehen, daß das gewünschte Öl auch tatsächlich echt ist. So würde ich beispielsweise für nur 2 ml Rosenöl mit 30 bis 70 DM rechnen und mit etwa 6 DM für 10 ml Lavendel. Verlangt ein Lieferant 6 DM für das Rosenöl und 40 DM für das Lavendelöl, würde ich an seiner Glaubwürdigkeit zweifeln.

Achten Sie darauf, zu 100% naturreine ätherische Öle zu kaufen. Sehr oft werden auch naturähnliche oder naturidentische Öle angeboten, die sich zur Beduftung eines Raumes durchaus eignen, aber keinerlei therapeutische Wirkung haben. Für die Aromatherapie sind sie also nutzlos.

Ätherische Öle sind in der Regel in Fläschchen mit 5, 10, 30, 50 und 100 ml erhältlich. Ich habe in der Übersicht nicht alle, sondern nur die gebräuchlichen Essenzen aufgelistet, mit der Menge, in der sie meistens verkauft werden.

Hinweis:

Öle aus biologischem Anbau sind in der Regel teurer, und die Preise können je nach Händler und abhängig von der Verfügbarkeit, der Ernte und der Qualität leicht variieren.

ÄTHERISCHES ÖL	MENGE	PREIS
Basilikum	10 ml	8 DM
Benzoe	10 ml	5 DM
Bergamotte	10 ml	10-14 DM
Cajeput	10 ml	5 DM
Citronella	10 ml	3 DM
Eukalyptus	10 ml	3-6 DM
Fenchel	10 ml	4 DM
Geranium	10 ml	12-18 DM
Grapefruit	10 ml	5 DM
Ingwer	5 ml	5-10 DM
Jasmin	1 ml	15-28 DM
Kamille, echte/blaue	5 ml	25-45 DM
Kamille, römische	5 ml	40 DM
Kardamom	5 ml	9 DM
Karottensamen	5 ml	11 DM
Kiefer	10 ml	8 DM
Koriander	5 ml	14 DM
Lavendel	10 ml	7 DM
Lemongrass	10 ml	5 DM
Majoran	5 ml	10 DM
Mandarine	10 ml	5 DM
Melisse	10 ml	3 DM
Melisse, echte	1 ml	35 DM
Muskatellersalbei	10 ml	12 DM
Myrrhe	5 ml	12-22 DM
Nelke	10 ml	6-10 DM
Neroli	1 ml	18 DM
Niaouli	10 ml	5 DM
Orange	10 ml	4 DM
Palmarosa	10 ml	5 DM
Patchouli	10 ml	6 DM
Petitgrain	10 ml	10 DM
Pfeffer, schwarz	10 ml	9 DM
Pfefferminze	10 ml	8 DM
Rose	1 ml	30-45 DM
Rosenholz	10 ml	5 DM
Rosmarin	10 ml	5 DM
Sandelholz	10 ml	20 DM
Teebaum	10 ml	10 DM
Vetiver	10 ml	9 DM

ÄTHERISCHES ÖL	MENGE	PREIS
Wacholder	10 ml	15 DM
Weihrauch	5 ml	13 DM
Ylang-Ylang	10 ml	10 DM
Zedernholz	10 ml	4 DM
Zimt	10 ml	12 DM
Zitrone	10 ml	3 DM
Zypresse	10 ml	10-15 DM

TRÄGERÖL		
Aprikosenkern	100 ml	5 DM
Avocado	100 ml	6 DM
Jojoba	100 ml	10 DM
Mandel, süß	100 ml	5 DM
Sesam	250 ml	6 DM
Soja	250 ml	5 DM
Sonnenblumen	250 ml	5 DM
Weizenkeim	100 ml	6 DM

5
Ein Anfängerset: Die richtigen Öle zur täglichen Verwendung

Angesichts der großen Fülle an ätherischen Ölen erscheint es für den Anfänger eine kaum zu bewältigende Aufgabe, die richtigen Essenzen auszuwählen. In diesem Kapitel empfehle ich Ihnen die Öle, die in eine Grundausstattung gehören und ein gutes Preis-Leistungsverhältnis haben. Und ich mache Ihnen Vorschläge, wie Sie mit diesen Ölen verschiedene häufig anzutreffende Symptome und Beschwerden behandeln können.

Ein Anfängerset

Die Entscheidung, welche Öle nun in dieses Kapitel aufgenommen werden sollten, war nicht ganz einfach, denn ein jedes hat seinen ganz besonderen Vorzug und seine Heilkraft. Am Ende wählte ich die nachstehenden zwölf Öle aus, die aus folgenden Gründen einen Platz in Ihrem Badezimmerschrank verdient haben:

- Ihre vielfältigen Verwendungsmöglichkeiten.
- Ihre Heilwirkungen und ihre Kraft, häufig auftretende Beschwerden physischer, mentaler und emotionaler Natur zu lindern.
- Reiner Genußwert.
- Verfügbarkeit und günstiger Preis.

Ich hoffe, daß Sie die ausgewählten Öle ebenso nützlich finden wie ich und so die Vorzüge der Aromatherapie schätzen lernen. Die Öle können für folgende Zwecke verwendet werden:

- ✧ Zur Vorbeugung von alltäglichen Beschwerden und Symptomen.
- ✧ Als natürliche Alternative zu synthetisch hergestellten Medikamenten, wie sie im Handel erhältlich sind.
- ✧ Allein um des Verwöhnens willen.

Mit dem Anfängerset können Sie behandeln: Erkältungen, Husten, Kopfschmerzen, Kater, Nebenhöhlenentzündungen, Schlaflosigkeit, Magenverstimmungen, Depressionen, Sportverletzungen, Streß und Schwellungen.

Hinweis:
Wenn Sie glauben, die genannten zwölf Öle werden Ihren persönlichen Bedürfnissen nicht gerecht, finden Sie im Anhang eine komplette Aufstellung aller ätherischen Öle und deren Verwendungsmöglichkeiten.

Eine Erläuterung der unter »Eigenschaften« genannten Begriffe finden Sie ebenfalls im Anhang.

Die zwölf Öle

1) Basilikum	5) Lavendel	9) Teebaum
2) Bergamotte	6) Pfefferminze	10) Wacholder
3) Eukalyptus	7) Rosmarin	11) Ylang-Ylang
4) Kamille	8) Sandelholz	12) Zitrone

1) Basilikum (Ocium basilicum)

Herkunft:
Bulgarien/USA/Madagaskar/Seychellen/Asien/Europa

Verwendete Pflanzenteile:
ganze Pflanze

Verwendungsmöglichkeiten:

geistige Erschöpfung, Gereiztheit, Bronchitis, Migräne, Gicht, Konzentrationsmangel, Erkältung, Asthma, Ohnmacht, Menstruationsbeschwerden, Husten, Verdauungsstörungen, Erbrechen, Wespen- und Insektenstiche

Hauptinhaltsstoffe:

Borneon, Kampfer, Cineol, Eugenol, Pinen, Sylvestren, Methylchavicol, Ocimen, Linalol

Eigenschaften:

analgetisch, antidepressiv, antiseptisch, menstruationsfördernd, schleimlösend, insektizid, tonisierend

Geruch:

krautig, klar, süß

Gewinnungsmethode:

Wasserdampfdestillation

Besonders hilfreich bei:

geistiger Erschöpfung

Warnhinweis:

Kann bei Überdosierung Depressionen auslösen. Wegen der menstruationsfördernden Wirkung während der Schwangerschaft möglichst meiden.

Praktische Anwendung:

✧ Bei geistiger Erschöpfung ein paar Tropfen auf ein Tuch träufeln und während des Lernens, in Besprechungen, vor Prüfungen oder bei nachlassender Konzentration einatmen.

✧ Ein morgendliches Bad mit Basilikum und Bergamotte weckt die Geister, erfrischt und belebt (6 – 8 Tropfen, d.h. 4 von jedem Öl).

✧ Bei Wespenstichen unverdünnt mit einem Wattebausch auftragen.

✧ Ein paar Tropfen auf ein Tuch geträufelt und auf den Heizkörper gelegt, reinigen die Luft, stärken bei nervlicher oder mentaler Erschöpfung und lindern Erkältungssymptome im Kopfbereich oder Kopfschmerzen.

2) Bergamotte (Citrus bergamia)

Herkunft:
Elfenbeinküste/Italien/Marokko/Guinea

Verwendete Pflanzenteile:
Fruchtschalen

Verwendungsmöglichkeiten:
Akne, Hautprobleme, Herpes, Anspannung, Depressionen, Streß, Fieber, Blasenentzündung, Appetitlosigkeit

Hauptinhaltsstoffe:
Linalyl-Azetat, Limonen, Linaloe, Bergapten, Nerol, Terpineol

Eigenschaften:
antiseptisch, antidepressiv, antiviral, schmerzlindernd, krampflösend, tonisierend

Geruch:
leichter, erfrischender Zitrusduft

Gewinnungsmethode:
Pressung

Besonders hilfreich bei:
Depressionen, Hautproblemen, als Tonikum

Warnhinweis:
Nach der Anwendung Sonne oder Solarium meiden, da es sonst zu Pigmentierungsstörungen der Haut kommen kann.

Praktische Anwendung:

- ✧ 6 Tropfen morgens in einem aromatischen Bad zur Belebung und Erfrischung.
- ✧ Im Massageöl bei Depressionen.
- ✧ Ein paar Tropfen auf ein feuchtes Tuch geträufelt und auf den Heizkörper gelegt, um morgens wach zu werden und einen klaren Kopf zu bekommen.
- ✧ Bei Hautproblemen ein paar Tropfen ins Gesichtswasser geben.
- ✧ Verdünnt auf einer Mullkompresse für alle, die an Akne leiden. Ein paar Tropfen in eine Schüssel mit warmem Wasser geben, Mullkompresse eintauchen, auswringen und einige

Minuten lang auf das Gesicht legen; täglich wiederholen, bis die Akne verschwunden ist.

3) Eukalyptus (Eucalyptus globulus/Citriodora)

Herkunft:
China/Australien/Spanien/Brasilien/Kalifornien

Verwendete Pflanzenteile:
Blätter/Zweige

Verwendungsmöglichkeiten:
Husten, Bronchitis, Halsentzündung, Nebenhöhlenentzündung, Rheuma, Hautinfektionen, Virusinfektionen, Migräne, Herpes, zur Mückenabwehr, muskuläre Überbeanspruchung, Probleme im Bereich der Harnwege, Blasenentzündung

Hauptinhaltsstoffe:
Cineol, Pinen, Limonen, Camphen, Citronella, Fenchen, Phellandren

Eigenschaften:
stark antispetisch, entzündungshemmend, schmerzlindernd, antiviral, balsamisch, schleimlösend, das Abhusten erleichternd, antibakteriell, harntreibend, insektizid, antirheumatisch

Geruch:
süß, mentholartig

Gewinnungsmethode:
Wasserdampfdestillation

Besonders hilfreich bei:
Bronchialproblemen, Virusgrippe, Erkältung

Warnhinweis:
Nicht in Verbindung mit homöopathischen Arzneimitteln anwenden.

Praktische Anwendung:

✧ Zur Dampfinhalation bei Erkältung, Schnupfen, Husten und Grippe.

✧ Zur Massage bei muskulärer Überbeanspruchung oder rheumatischen Beschwerden.
✧ Einige Tropfen auf ein feuchtes Handtuch geträufelt und auf den Heizkörper gelegt, reinigen die Luft (dank der antiviralen Wirkung) und verbreiten in Krankenzimmern einen frischen, sauberen Geruch.
✧ Als Mückenschutz ein paar Tropfen ins Badewasser geben; zusätzlich 4 Tropfen mit etwas Trägeröl verdünnen und abends vor dem Ausgehen besonders im Bereich der Fußknöchel auftragen.

4) Kamille, blau/echt (Matricaria chamomilla); Kamille, deutsch (Matricaria recututa); Kamille, römisch (Athemis nobilis)

Herkunft:
England/Frankreich/Ungarn/Ägypten/Marokko/Bulgarien/Ex-Jugoslawien
Verwendete Pflanzenteile:
Blüten/Blätter
Verwendungsmöglichkeiten:
Nervosität, Entzündungen, Schlaflosigkeit, Menstruationsbeschwerden, nervliche Belastung, Streß, Angstzustände, Reizbarkeit, Verdauungs- und Magenprobleme, Verstauchungen/geschwollene Gelenke, Allergien, Hautprobleme, Akne, Schuppenflechte, Ekzeme, Kopfschmerzen, Migräne, Augenprobleme.
Hauptinhaltsstoffe:
Bisabolol, Chamazulen, Ester, Linalol, Pinen, Azulen, Tiglium
Eigenschaften:
antiseptisch, analgetisch, krampflösend, entzündungshemmend, menstruationsfördernd, sedativ, gut für den Magen, wundheilend
Geruch:
scharf, stark, krautig

Gewinnungsmethode:
Wasserdampfdestillation
Besonders hilfreich bei:
Entzündungen, Nervosität, Magenverstimmungen, Augenproblemen wie Bindehautentzündung (Öl niemals direkt ins Auge gelangen lassen, denn es brennt), als Schmerzmittel
Warnhinweis:
In den ersten Schwangerschaftsmonaten meiden.
Praktische Anwendung:
✧ Bei Bindehautentzündung ein paar Tropfen Kamille in handwarmes Wasser geben, mit dem Wattebausch auftragen.
✧ Einige Tropfen auf einem heißen Umschlag (Tuch oder kleines Handtuch in heißes Wasser tauchen und auswringen) wirken ausgesprochen lindernd bei Menstruationskrämpfen, Magen- oder Kreuzschmerzen.
✧ 1 Tropfen im Badewasser läßt übermüdete Säuglinge und Kleinkinder zur Ruhe kommen; 1 Tropfen in der Körpermilch hilft bei Windelausschlag und Hautreizungen.

5) Lavendel (lavendula vera/augistifolium/officinalis)

Herkunft:
Frankreich/Bulgarien/Ex-Jugoslawien/England/Tasmanien
Verwendete Pflanzenteile:
Blütenrispen
Verwendungsmöglichkeiten:
Verbrennungen, Hautinfektionen, Schnittwunden, Verletzungen, Akne, Ekzeme, Dermatitis, Grippe, Übelkeit, Streß, Kopfschmerzen, Asthma, Rheuma, Arthritis, Blasenentzündung, Bluthochdruck, Muskelkrämpfe, Muskelschmerzen, Sonnenbrand, Schwindelanfälle, Schlaflosigkeit, Atembeschwerden, Allergien

Hauptinhaltsstoffe:

Azetat, Cineol, Caryophyllen, Linalol, Linalylazetat, Lavadulylazetat, Geraniol, Borneol, Limonen, Pinen

Eigenschaften:

stark antiseptisch, schmerzlindernd, antirheumatisch, antiviral, krampflösend, gegen Blähungen, menstruationsfördernd, sedativ, antidepressiv, schleimlösend, wundheilend

Geruch:

sauber, leicht, blumig

Gewinnungsmethode:

Wasserdampfdestillation

Besonders hilfreich bei:

Streß, Kopfschmerzen, Schnittwunden, Verbrennungen, Warzen

Praktische Anwendung:

- ✧ Einige Tropfen auf dem Kopfkissen helfen beim Einschlafen.
- ✧ Zur Massage (verdünnt mit Trägeröl) bei Streß oder allgemeinen Schmerzzuständen.
- ✧ Unverdünnt auf Wattebausch bei Schnittwunden, Verbrennungen, Insektenstichen oder Schürfwunden.
- ✧ Einige Tropfen auf ein feuchtes Handtuch geträufelt und auf den Heizkörper gelegt, reinigen und erfrischen die Luft in Krankenzimmern (Lavendel riecht herrlich sauber und vertreibt den stickigen Geruch, der in Krankenzimmern oft anzutreffen ist).

6) Pfefferminze (Mentha piperascens)

Herkunft:

USA/China/Europa

Verwendete Pflanzenteile:

ganze Pflanze

Verwendungsmöglichkeiten:

Übelkeit, Blähungen, Koliken, Verdauungsstörungen, Reisekrankheit, Kopfschmerzen, Erkältung, Grippe,

Migräne, Fieber, Entzündungen, Arthritis, Nebenhöhlenentzündung, Periodenschmerzen, Insektenabwehr, Asthma, Bronchitis, Erschöpfung, Schock

Hauptinhaltsstoffe:

Cineol, Menthol, Menthen, Carvon, Jasmon, Carvacrol, Limonen, Phellandren

Eigenschaften:

schleimlösend, krampflösend, belebend, schmerzlindernd, anästhetisch, antiseptisch, gegen Blähungen, hepatisch

Geruch:

minzig, mentholartig, erfrischend

Gewinnungsmethode:

Wasserdampfdestillation

Besonders hilfreich bei:

Kopfschmerzen, Reisekrankheit, Erkältungen, Grippe

Warnhinweis:

Nicht gemeinsam mit homöopathischen Arzneimitteln anwenden; kann bei zu später Einnahme zu Einschlafproblemen und bei Überdosierung zu Hautreizungen führen.

Praktische Anwendung:

✧ Einige Tropfen auf einem kalten, feuchten Handtuch als Kompresse auf die Stirn gelegt, wirken ausgesprochen gut bei Kopfschmerzen.

✧ Bewahren Sie ein Fläschchen Pfefferminzöl im Handschuhfach Ihres Wagens auf. Wenn jemand unterwegs reisekrank wird, einfach ein paar Tropfen auf ein Taschentuch träufeln und inhalieren. Der Geruch hält gleichzeitig den Fahrer wach.

✧ Bei Erkältungen und Grippe zum Inhalieren einige Tropfen ins heiße Dampfbad geben.

7) Rosmarin (Rosmarinus officinalis)

Herkunft:

Spanien/Tunesien/Simbabwe/Frankreich/Japan/Ex-Jugoslawien

Verwendete Pflanzenteile:

Blüten/Blätter

Verwendungsmöglichkeiten:

Kopfschmerzen, muskuläre Verspannungen, Sportverletzungen, Verstauchungen, Zerrungen, Erschöpfung, Schuppen, Haarausfall, Leberstörungen, Rheuma, Erkältung, Durchblutungsstörungen, Darmbeschwerden, übermäßige Flüssigkeitsansammlung im Gewebe, Husten, Bronchialbeschwerden

Hauptinhaltsstoffe:

Kampfer, Cineol, Camphen, Bornylazetat, Borneol, Pinen, Cuminium, Borneol

Eigenschaften:

antiseptisch, antibakteriell, fungizid, harntreibend, anregend, antidepressiv, krampflösend, menstruationsfördernd, blutdrucksteigernd, tonisierend, wundheilend

Geruch:

frisch, krautig, leicht mentholartig, durchdringend

Gewinnungsmethode:

Wasserdampfdestillation

Besonders hilfreich bei:

Prellungen und Zerrungen, Sportverletzungen, muskulären Verspannungen, als Tonikum

Warnhinweis:

Während der Schwangerschaft und bei Epilepsie meiden.

Praktische Anwendung:

- ✧ Bei Muskelverspannungen und -schmerzen und bei Rheuma einige Tropfen mit Trägeröl verdünnen und einmassieren.
- ✧ Ein kalter Umschlag mit 4-6 Tropfen Rosmarin wirkt schmerzlindernd und abschwellend bei Zerrungen und Verstauchungen.

- ✧ Einige Tropfen ins Haarshampoo geben hilft zur Vorbeugung und Bekämpfung von Schuppen.
- ✧ 6 Tropfen im Bad oder im Massageöl bei übermäßiger Flüssigkeitsansammlung im Gewebe.
- ✧ Einige Tropfen zur Dampfinhalation bei Erkältungs- und Grippesymptomen.

8) Sandelholz (Santalum album)

Herkunft:
Ostindien/Indonesien

Verwendete Pflanzenteile:
Holz

Verwendungsmöglichkeiten:
Akne, Blasenentzündung, Sonnenstich, Halsentzündung, Bronchitis, Kehlkopfentzündung, Harnwegsbeschwerden, übermäßige Flüssigkeitsansammlung im Gewebe, Hautprobleme, Schuppenflechte, Ekzeme, wunde Hautstellen, schuppige oder trockene Haut, Streß

Hauptinhaltsstoffe:
Santalol, Furfurol, Santalen, Fusanol

Eigenschaften:
antiseptisch, harntreibend, krampflösend, schleimlösend, sedativ, aphrodisierend

Geruch:
sanft, warm, holzig

Gewinnungsmethode:
Wasserdampfdestillation

Besonders hilfreich bei:
Hautproblemen, Halsschmerzen, Beschwerden im Bereich der Harnwege

Praktische Anwendung:
- ✧ In Hautpflegeprodukte eingerührt, steigert es deren Wirksamkeit.

- ✧ Einige Tropfen in warmem Wasser zum Gurgeln lindern Halsschmerzen.
- ✧ Verdünnt mit Trägeröl zur entspannenden Massage.
- ✧ Bei Ekzemen 4 Tropfen in Trägeröl verdünnen und auf betroffene Stelle auftragen (kann hierzu in Kombination mit Wacholder, Kamille oder Lavendel verwendet werden).
- ✧ Einige Tropfen im Bad oder im Massageöl wirken aphrodisierend.

9) Teebaum/Tea tree (Melaleuce alternifolia)

Herkunft:
Australien/Tasmanien
Verwendete Pflanzenteile:
Blätter/Zweige
Verwendungsmöglichkeiten:
Pilzinfektionen, virale und bakterielle Infektionen, Erkältung, Grippe, Fieberbläschen, Akne, Blasenentzündung, Pilzerkrankungen, Verbrennungen, Fußpilz, als Insektenschutz, Schnittwunden, Insektenstiche, Halsentzündungen, Nebenhöhlenentzündung, Bronchialbeschwerden, Schuppen, Warzen, zur Stärkung des Immunsystems und zur Infektionsabwehr
Hauptinhaltsstoffe:
Cineol, Cymen, Pinen, Terpineol, Terpinen
Eigenschaften:
stark antiseptisch, fungizid, antibiotisch, antiviral, schleimlösend, insektizid
Geruch:
desinfizierend, medizinisch
Gewinnungsmethode:
Wasserdampfdestillation
Besonders hilfreich bei:
Schnittwunden, Fieberbläschen, Infektionen im Genitalbereich

Praktische Anwendung:

- ✧ Bei Schnittwunden, Verbrennungen und Insektenstichen unverdünnt mit einem Wattebausch auftragen.
- ✧ Bei Erkältungen, Grippe und Husten zum Inhalieren einige Tropfen in ein heißes Dampfbad geben. Teebaumöl ist extrem effizient bei der Bekämpfung von Entzündungen, gleichzeitig aber eines der mildesten Inhalationsmittel.
- ✧ Bei Beschwerden im Bereich der Harnwege 6 Tropfen ins Bad geben oder einige Tropfen in Spülungen verwenden.
- ✧ Bei Fieberbläschen unverdünnt mit einem Wattebausch auftragen.
- ✧ Bei Fußpilz warmes Fußbad mit 4 Tropfen Teebaumöl nehmen, anschließend ein paar Tropfen mit Trägeröl verdünnen und betroffene Stellen einreiben.

10) Wacholder (juniperus communis)

Herkunft:

Tirol/Indien/Nordafrika/Nordamerika/Nordasien/Europa

Verwendete Pflanzenteile:

Beeren

Verwendungsmöglichkeiten:

als Lebermittel, zur Reinigung und Entgiftung, als harntreibendes Mittel, Appetitlosigkeit, Menstruationsbeschwerden, Ekzeme, Schuppenflechte, Geschwüre, Wunden, Kater, Rheuma, Zellulitis, Abgeschlagenheit, Akne, Harnwegsinfektionen

Hauptinhaltsstoffe:

Limonen, Myrcen, Pinen, Borneol, Terpineol, Camphen, Cadinen, Sabinen

Eigenschaften:

diuretisch, antiseptisch, analgetisch, krampflösend, insektizid, stimulierend, gegen Blähungen

Geruch:

sauber, krautig

Gewinnungsmethode:
Wasserdampfdestillation
Besonders hilfreich bei:
Kater, übermäßiger Flüssigkeitsansammlung im Gewebe, Zellulitis, Reinigung des Organismus
Warnhinweis:
Nicht während der Schwangerschaft und bei Nierenproblemen anwenden.

Praktische Anwendung:

- ✧ 6 Tropfen im aromatischen Bad bei übermäßiger Flüssigkeitsansammlung im Gewebe.
- ✧ 3 Tropfen Wacholder und 3 Tropfen Bergamotte im Bad zur Reinigung des Organismus und Vertreibung eines Katers.
- ✧ Bei Akne einige Tropfen in die Hautpflegeprodukte mischen oder für ein Gesichtsdampfbad ein paar Tropfen in eine Schüssel mit dampfendem Wasser geben.
- ✧ Bei Ekzemen einige Tropfen Wacholder und einige Tropfen Kamille mit einem Trägeröl, zum Beispiel Traubenkernöl, vermischen und auf die betroffene Stelle auftragen.

11) Ylang-Ylang (Canaga odorata)

Herkunft:
Komoren/Indonesien/Philippinen/Seychellen
Verwendete Pflanzenteile:
Blüten
Verwendungsmöglichkeiten:
Angstzustände, erhöhter Blutdruck, bei Depressionen, als Aphrodisiakum, reguliert und beruhigt den Puls, zur Hautpflege, bei sexuellen Störungen (Frigidität, Impotenz)
Hauptinhaltsstoffe:
Benzylazetat, Geranol, Linalol, Pinen, Benzoe, Farnesol, Eugenol, Cadinen

Eigenschaften:
aphrodisierend, antiseptisch, antidepressiv, blutdrucksenkend, sedativ
Geruch:
blumig, berauschend
Gewinnungsmethode:
Wasserdampfdestillation
Besonders hilfreich zur:
Entspannung.
Praktische Anwendung:
✧ 6 Tropfen im Bad wegen des berauschenden Duftes, um sich zu verwöhnen und zu entspannen.
✧ 3 Tropfen Ylang-Ylang und 3 Tropfen Sandelholz im Massageöl sind ein wirkungsvolles Aphrodisiakum.
✧ Einige Tropfen in Hautpflegeprodukte eingerührt riechen gut und verhelfen Ihnen zu frischer, gesunder Haut.
✧ Einige Tropfen auf einem Tuch helfen bei Nervenanspannung und Herzrasen.
✧ 6 Tropfen im Massageöl mindern Streßsymptome und senken den Blutdruck.
✧ 4 Tropfen auf ein feuchtes Handtuch geträufelt und auf den Heizkörper gelegt, sind ein gutes Raumparfüm.

12) Zitrone (Citrus limonum)

Herkunft:
Spanien/Brasilien/Israel/USA/Argentinien
Verwendete Pflanzenteile:
Fruchtschale
Verwendungsmöglichkeiten:
Verdauungsbeschwerden, Halsentzündung, Gereiztheit, Hautprobleme, Insektenschutz, Arthritis, erhöhter Blutdruck, als herzanregendes Mittel, zur Leberentgiftung, Erkältung, Grippe, Nebenhöhlenentzündung, Mandelentzündung, Nasenbluten, Hühneraugen, Warzen

Hauptinhaltsstoffe:
Bergapten, Citral, Camphen, Limonen, Pinen, Linalol, -Cadinen, Bisabolen, Phellandren

Eigenschaften:
stark antiseptisch, tonisierend, adstringierend, säuremindernd, harntreibend, bakterizid, lindernd und beruhigend, blutdrucksenkend, antirheumatisch, verdauungsfördernd, blutstillend

Geruch:
leicht, zitronig, erfrischend, scharf

Gewinnungsmethode:
Pressung

Besonders hilfreich bei:
Hautproblemen (Akne, trockene Haut), als Tonikum

Warnhinweis:
Nach der Anwendung 6 – 8 Stunden lang Sonne und Solarium meiden. Kann bei empfindlicher Haut zu Reizungen führen.

Praktische Anwendung:

- Morgens in einem erfrischenden Bad.
- Einige Tropfen unter Hautpflegeprodukte wie Reinigungsmilch, Gesichtswasser und Feuchtigkeitslotion gemischt, riechen nicht nur gut, sondern steigern auch deren Wirksamkeit. Zitrone soll gegen Falten vorbeugen und den Alterungsprozeß der Haut verzögern.
- Beim Haarewaschen sorgen einige Tropfen im letzten Spülwasser für Glanz, Duft und eine gesunde Kopfhaut.
- Bei Halsschmerzen ein paar Tropfen (plus 2 Tropfen Sandelholz) in warmes Wasser geben und gurgeln.

Vorschläge zur Kombination der Öle

Bei Erkältungen und Grippe
Eukalyptus/Rosmarin, Eukalyptus/Teebaum, Eukalyptus/Pfefferminze

Bei Kopfschmerzen
Lavendel/Kamille, Lavendel/Pfefferminze

Bei geistiger Erschöpfung
Basilikum/Pfefferminze, Rosmarin/Bergamott

Bei Ekzemen
Lavendel/Kamille, Lavendel/Wacholder

Bei Streß
Lavendel/Kamille, Lavendel/Ylang-Ylang, Sandelholz/Lavendel

Zur Entgiftung/gegen Kater/bei Zellulitis
Wacholder/Rosmarin

Zur Hautpflege
Zitrone/Lavendel, Kamille/Sandelholz, Bergamotte/Sandelholz

Zur Wundbehandlung
Kamille/Lavendel, Teebaum/Lavendel

Bei Blasenentzündung
Sandelholz/Lavendel, Teebaum/Sandelholz

Zur Erfrischung
Zitrone/Basilikum, Bergamotte/Rosmarin

Bei Halsschmerzen
Sandelholz/Zitrone, Sandelholz/Teebaum

Zur Luftverbesserung im Krankenzimmer
Eukalyptus/Pfefferminze, Lavendel/Zitrone

6
Aromatherapie zum Streßabbau

Wichtiger denn je

Im ausgehenden zwanzigsten Jahrhundert ist Streß im Dasein vieler Menschen etwas nahezu Unvermeidbares geworden. Die Lebensumstände werden immer schwieriger – steigende Kriminalitätsrate in den Großstädten, Überbevölkerung, eskalierende Preise –, und so ist es kein Wunder, daß breite Schichten der Bevölkerung unter immer größerem Streß stehen.

Je mehr das Problem wächst, desto dringlicher bedarf es einer Möglichkeit zur Abhilfe, doch bislang kämpfen die Menschen täglich tapfer gegen Rückschläge und Enttäuschungen an, von kleinen Ärgernissen wie dem Verkehr oder öffentlichen Transportwesen bis hin zu größeren wie Arbeitslosigkeit oder Scheidung. Während wir durch den Alltag gehen, stapeln wir Sorgen aller Art – seien sie nun finanzieller, emotionaler oder physischer Natur – in unserem Hinterkopf.

In der Vergangenheit lehrte man uns, den Kopf immer oben zu halten, unsere Ängste aus unserem Bewußtsein zu verdrängen und uns dem lästigen Hickhack im Überlebenskampf zu stellen. Viele sind auch heute noch versucht, diesen Weg zu gehen. Unser Organismus muß jedoch ständig erneuert, wieder aufgeladen und neu belebt werden. Mit unserem Auto fahren wir regelmäßig zur Inspektion, doch wie viele von uns bringen ihrem Körper schon die gleiche Aufmerksamkeit entgegen? Es ist wichtig, dem Körper einmal Gelegenheit zu geben, zur Ruhe zu kommen, sich neu auszurichten, verwöhnt, umsorgt und mit neuer Energie aufgeladen zu werden.

Die Aromatherapie ist eine der effektivsten Methoden, um eben dies zu tun. Durch die frühzeitige Behandlung der ersten Anzeichen von streßbedingten Beschwerden kann das Auftreten physischer Krankheitssymptome verhindert werden, die sehr viel schlimmere Auswirkungen hätten.

In den letzten zehn Jahren sind alternative Heilmethoden erstaunlich populär geworden. Als Antwort auf die wachsende Nachfrage sind überall im Land naturheilkundlich ausgerichtete Gesundheitszentren, Kliniken und Einzelpraxen aus dem Boden geschossen. Das Interesse an Behandlungsmöglichkeiten wie der Aromatherapie wächst. Wurde sie früher oft als etwas leicht Anrüchiges oder als überflüssiger Luxus abgetan, hat sie sich inzwischen zu einem von Fachleuten des Gesundheitswesens anerkannten Verfahren gemausert. Auch die Medien haben das Bedürfnis nach Entspannung erkannt, und wie in vielen Zeitschriften und Magazinen nachzulesen ist, haben sich die Vorzüge von Behandlungsmethoden wie der Aromatherapie mittlerweile auch dort herumgesprochen.

Wodurch wird Streß verursacht?

Die Liste der Ursachen für Streß ist lang und dürfte den meisten wohlvertraut sein:

Emotionaler Streß

- Tod eines nahestehenden Menschen
- Scheidung, Trennung, Verlust
- Persönliche Beziehungen
- Kinder

Physischer Streß

- Krankheit
- Hetze
- Falsche Ernährung: Fast food und Fertiggerichte
- Körperliche Belastungen: Autofahren, schweres Heben, langes Stehen, langes Tippen, extreme Temperaturen und Temperaturumschwünge
- Extremformen körperlicher Betätigung: übertriebene oder gar keine
- Mangelnde Bewegung
- Umzug
- Ein neues Baby
- Überarbeitung
- Feiertage/Weihnachten
- Ein rasanter Lebensstil, bei dem körperliche und geistige Bedürfnisse zu kurz kommen

Umweltbedingter Streß

- Öffentliches Transportwesen
- Ungeeignetes Arbeitsumfeld: zu viele Menschen auf zu engem Raum, schlechtes Licht, ungeeignete Stühle, die zu Schmerzen und Haltungsschäden führen
- Lärmbelästigung
- Verkehr
- Gedränge in öffentlichen Einrichtungen

Mentaler Streß

- Leistungs- und Erfolgsdruck bei der Arbeit
- Tests und Prüfungen
- Finanzen
- Frustrationen bei der Arbeit, Unzufriedenheit mit dem Job

✧ Eintreten in den Ruhestand
✧ Ungewisse berufliche Zukunft
✧ Arbeitslosigkeit
✧ Von außen aufgezwungene Veränderungen

Kann man nicht einfach zu Hause entspannen?

Theoretisch schon, in der Praxis aber leider nicht, da viele Menschen in ihrer Freizeit nicht richtig abschalten und zur Ruhe kommen können. In unserer schnellebigen Gesellschaft, in der eine von drei Ehen mit Scheidung endet, unsere Arbeitsplätze bedroht sind und unsere berufliche Zukunft ungewiß erscheint, ist die Kunst der Entspannung verlorengegangen. Emotionale Sorgen verursachen schlaflose Nächte, mentale Sorgen manifestieren sich in Form von Gereiztheit oder in Grübeleien über die Kinder, ihre Erziehung und damit einhergehenden Ängsten.

Um zu entspannen, greifen viele abends daheim zu einem Glas Gin Tonic oder Wein, und wenngleich dagegen – solange in Maßen genossen – nichts einzuwenden ist, läßt sich der Streß und dessen Wurzel damit noch lange nicht beseitigen; der Organismus kann dadurch auch keine neue Kraft auftanken. Andere rauchen, wenn sie unter Streß stehen, oder sie essen zuviel oder nehmen Tabletten, was im schlimmsten Fall in die Abhängigkeit führt, auf jeden Fall aber seinen Tribut dadurch fordert, daß es den Organismus schädigt, anstatt Entspannung zu bringen.

Wüßten die Menschen wirklich, wie sie mit Streß umgehen sollen, bräuchten die Ärzte nicht so viele Rezepte für Beruhigungsmittel und Antidepressiva auszustellen.

Die meisten brauchen eine gesunde Alternative, die uns dabei hilft, abzuschalten und alle alltäglichen Gedanken und Sorgen einmal hinter sich zu lassen, ohne auf nur kurzfristige Zwischenlösungen angewiesen zu sein.

Kann Streß gefährlich werden?

Für eine gewisse Zeit kann unser Körper Streß gut verkraften. Ignorieren wir ihn jedoch über längere Zeit hinweg, so können daraus massive Gesundheitsstörungen erwachsen. Bleibt er unbehandelt, können aus anfänglichen geringfügigen Störungen ernsthafte Krankheiten entstehen. Die medizinische Forschung ist zu dem Schluß gelangt, daß viele lebensbedrohliche Krankheiten wie z.B. Krebs und Herzversagen auf Streß zurückzuführen sind. Werden die Symptome hingegen behandelt und die ihnen zugrundeliegenden Streßfaktoren sofort bei Auftreten beseitigt, verringert sich das Risiko, daß daraus eine schwere Krankheit entstehen könnte.

Wie äußert sich Streß?

Streß kann sich in den verschiedensten Symptomen und Erscheinungsformen äußern, und er beeinträchtigt Menschen in unterschiedlichem Maße. Je nachdem, auf welche Weise der einzelne mit den Anforderungen des Lebens im allgemeinen umgeht, können sich streßbelastete Situationen entweder körperlich, mental oder emotional auswirken. So denkt vielleicht der eine, wenn ihm eine Rechnung ins Haus flattert, die er nicht bezahlen kann, es mache ihm gar nichts aus; dennoch aber speichert er den Streß körperlich in seinen Schultern und reagiert mit Muskelverspannungen oder Kopfschmerzen. Ein anderer macht sich vielleicht Sorgen über die Rechnung und ist dann gereizt oder kann nicht schlafen.

Ein weiteres Beispiel wäre eine Autofahrerin, die unterwegs fast einen Unfall gehabt hätte. Erleichtert, daß das Ganze noch einmal gutgegangen ist, atmet sie auf und fährt weiter. Dennoch wird sie wohl kaum völlig unbeschadet aus dieser Situation hervorgehen. Der mit dem Beinahe-Zusammenstoß einhergehende Streß wird irgendwo im Körper gespeichert – vielleicht hat sie sich in dem Augenblick im Nacken verspannt, und es bleibt etwas davon zurück, oder aber sie reagiert sich mental ab, indem sie bei der Weiterfahrt dem Verkehrsgeschehen mit Unruhe und Nervosität begegnet.

Auf ein und dieselbe Situation reagiert jeder in unterschiedlicher Weise. Doch immer aber entsteht eine Art von Streß, der meist unbehandelt bleibt, während wir dem nächsten Tag oder der nächsten Hürde entgegenstreben.

Hier eine Übersicht über einige der Möglichkeiten, wie Streß zum Ausdruck kommen kann:

Auf körperlicher Ebene:

Migräne, Kopfschmerzen, Schlaflosigkeit, verspannte und schmerzende Muskeln, Geschwüre, Aufgedunsenheit, Appetitmangel, Erschöpfung, Magenkrämpfe, flache Atmung, Bluthochdruck, Zähneknirschen im Schlaf, erhöhte Pulsfrequenz, vermehrte Adrenalinausschüttung, vermehrtes Schwitzen, Schwächung des Immunsystems, erhöhte Krankheitsanfälligkeit, chronische Reizung im Magen-Darm-Bereich, Gefühl des Ausgelaugtseins, Nervenschwäche, Neigung zu übermäßigem Alkohol-, Koffein-, Nikotin- oder Zuckerkonsum, Hautausschläge.

Auf mentaler Ebene:

Konzentrationsmangel, Reizbarkeit, geistige Erschöpfung, Angstzustände, Wut, Apathie, verminderter Sexualtrieb, Angst, Gefühl der Ausgebranntheit, Vergeßlichkeit.

Auf emotionaler Ebene:

Stimmungsschwankungen, Weinerlichkeit, Depressionen, mangelndes Selbstvertrauen, Traurigkeit.

Wie kann ich mit der Aromatherapie dem Streß entgegenwirken?

1. Gestehen Sie sich zunächst einmal ein, daß Sie unter Streß leiden.

Der erste Schritt, auf den rechten Weg zu finden, so sagt man, sei zuzugeben, daß man sich verlaufen hat. Dementsprechend ist der erste Schritt zur Entspannung das Eingeständnis, daß man unter Streß steht. Wenn Sie also unter einem der oben angegebenen Symptome leiden, wird Ihnen die Aromatherapie mit ihren Möglichkeiten zum Streßabbau wahrscheinlich rundum guttun.

2. Gehen Sie regelmäßig zum Aromatherapeuten.

Je nachdem, wie Ihr Alltag es zuläßt, sollten Sie sich möglichst alle zwei, mindestens aber alle vier Wochen eine Behandlung gönnen. Dieser Termin hat Vorrang vor allem anderen, und machen Sie ihn zu einem festen Bestandteil Ihres Lebens. Sie können dadurch auch Ihre Leistungsfähigkeit steigern, denn unter Streß leiden die Entscheidungskraft und das Urteilsvermögen eines Menschen. Wenn Sie entspannt sind, funktionieren Körper und Geist wesentlich besser.

Beim Aromatherapeuten bekommen Sie nicht nur eine Massage mit ätherischen Ölen – Sie erhalten gleichzeitig Hinweise zu Ihrer Lebensweise und zur Ernährung sowie Empfehlungen zu Ölen für den Hausgebrauch. Des weiteren werden Ihnen Möglichkeiten aufgezeigt, die Streßbelastung im Alltag zu reduzieren.

3. Selbst wenn Sie nicht die Zeit oder das Geld haben, um sich beim Aromatherapeuten behandeln zu lassen, können Sie die Vorteile der Aromatherapie nutzen, indem Sie sich verschiedene Öle für den Hausgebrauch zulegen.

Die folgende Liste zeigt, welche Öle zur Beseitigung welcher Streßsymptome geeignet sind.

- ✧ Die genannten Öle können wie in Kapitel 3 beschrieben entweder zur Massage oder als Badezusatz verwendet werden.
- ✧ Die Öle können entweder einzeln oder in Kombination mit einem oder zwei anderen Ölen verwendet werden, die unter dem gleichen Symptom aufgeführt sind. So können Sie beispielsweise bei Kopfschmerzen zum Baden oder für die Massage entweder 6 Tropfen Lavendel verwenden oder je 2 Tropfen Lavendel, Majoran und Kamille.

Bei körperlichen Symptomen

Migräne:
Pfefferminze, Lavendel, Kamille

Hautausschlag:
Kamille, Lavendel, Benzoe

Kopfschmerzen:
Lavendel, Pfefferminze, Basilikum, Majoran, Eukalyptus

Schlaflosigkeit:
Majoran, Kamille, Lavendel, Neroli

Verspannte, schmerzende Muskeln:
Lavendel, Rosmarin, Wacholder, Ingwer

Geschwüre:
Kamille, Lavendel, Knoblauch

Aufgedunsenheit:
Wacholder, Muskatellersalbei, Fenchel, Geranium

Appetitmangel:
Zimt, Fenchel, Kamille, Bergamotte, Kardamom

Erschöpfung:
Rosmarin, schwarzer Pfeffer, Zitrone, Bergamotte, Pfefferminze

Magenkrämpfe:
Lavendel, Kamille, Sandelholz, Muskatellersalbei

Flache Atmung:
Eukalyptus, Basilikum, Benzoe, Melisse, Majoran

Bluthochdruck:
Lavendel, Majoran, Ylang-Ylang, Kamille, Neroli, Rose
Muskelverspannungen:
Lavendel, Rosmarin, Muskatellersalbei, Kamille
Zähneknirschen im Schlaf:
Majoran, Melisse, Neroli
Erhöhter Puls:
Ylang-Ylang, Kamille, Neroli, Lavendel
Vermehrte Adrenalinausschüttung:
Lavendel, Majoran, Kamille
Schwächung des Immunsystems, erhöhte Krankheitsanfälligkeit:
Niaouli
Gefühl des Ausgelaugtseins:
Rosmarin, Eukalyptus, Ingwer, Zimt, Zitrone
Chronische Reizung im Magen-Darm-Bereich:
Rosmarin, Ingwer, Rose, Lemongrass, Orange
Nervenschwäche:
Zitrone, Neroli, Kamille, Patchouli, Sandelholz, Benzoe, Tangarine

Bei mentalen Symptomen

Konzentrationsmangel:
Basilikum, Pfefferminze
Reizbarkeit:
Sandelholz, Kamille, Lavendel, Neroli
Geistige Erschöpfung:
Basilikum, Pfefferminze, Bergamotte
Angstzustände:
Melisse, Muskatellersalbei, Rosenholz, Neroli, Patchouli
Wut und Ärger:
Sandelholz, Rosenholz, Neroli
Apathie:
Jasmin, schwarzer Pfeffer, Zitrone

Verminderter Sexualtrieb:
Ylang-Ylang, Sandelholz, Muskatellersalbei, Rose, Ingwer
Angst:
Melisse, Kamille
Gefühl der Ausgebranntheit:
Lavendel, Bergamotte, Rosmarin
Vergeßlichkeit:
Rosenholz, Sandelholz, Basilikum

Bei emotionalen Symptomen

Stimmungsschwankungen:
Geranium, Sandelholz
Weinerlichkeit:
Jasmin
Depressionen:
Jasmin, Bergamotte, Muskatellersalbei, Rose, Sandelholz
Mangelndes Selbstvertrauen:
Jasmin, Ylang-Ylang
Traurigkeit:
Rose, Rosenholz, Melisse, Lavendel

Auf welche Weise wirkt die Aromatherapie dem Streß entgegen?

Auf physischer Ebene

✧ Senkt den Blutdruck
✧ Verbessert die Durchblutung
✧ Entspannt die Muskulatur

Auf mentaler Ebene

- ✧ Mehr Toleranz gegenüber den Mitmenschen und den Gegebenheiten
- ✧ Mehr Lebensfreude

Auf emotionaler Ebene

- ✧ Ein Gefühl des Wohlbefindens
- ✧ Emotionale Stabilität

Wenn wir auch oft die Umstände, die jeweilige Lage oder unsere Mitmenschen für unsere Probleme verantwortlich machen, hängt unsere Beurteilung, ob wir etwas als positiv oder negativ empfinden, von unserer seelischen Verfassung ab. Es ist die Art, wie wir auf ein bestimmtes Ereignis oder Erlebnis reagieren, die unsere Erinnerung prägt, und nicht das, was tatsächlich geschieht. Aus diesem Grunde ist unser Seelenfrieden so wichtig. Selbst in der großartigsten Umgebung – am Strand in der Karibik – können wir uns hundeelend und total erschöpft fühlen. Auf der anderen Seite können wir uns bei Regen im Stoßverkehr wie im siebten Himmel fühlen, weil wir innerlich ausgeglichen sind.

Wenn wir innerlich entspannt und ausgeglichen sind, können wir vernünftig mit der Gereiztheit eines Kollegen oder eines Familienmitglieds umgehen. Sind wir hingegen angespannt und erschöpft, kann selbst die kleinste Kleinigkeit das Faß zum Überlaufen bringen und uns das Gefühl geben, die Welt würde jeden Moment zusammenbrechen.

Einer der größten Vorzüge der Aromatherapie besteht darin, daß sie auf drei Ebenen wirksam ist. Sie entspannt den Körper, läßt selbst den alleraktivsten Geist zur Ruhe kommen und vertreibt düstere Gedanken. Mit mehr Ausgeglichenheit sind Sie den Anforderungen des Alltags wesentlich besser gewachsen.

7
Aromatherapie zur Gewichtsreduktion

Leider gibt es kein Wunderöl, das überflüssige Pfunde purzeln läßt. Die einzig wirklich erfolgreiche Methode ist, weniger zu essen und auf vernünftige Ernährung und ausreichende Bewegung zu achten. Doch obwohl es keinen schnellen Weg zum Abbau von Übergewicht gibt, hat die Aromatherapie für Menschen mit Gewichtsproblemen dennoch einiges zu bieten. Ätherische Öle können im Rahmen eines Diätprogramms auf verschiedene Weise eingesetzt werden, um das Abnehmen zu unterstützen.

Zur richtigen Einstellung gelangen

Der erste Schritt zum Abnehmen hat nichts mit Diät oder körperlicher Betätigung zu tun. Wie bei jeder Lebensumstellung muß auch hier die Veränderung aus dem inneren Wunsch entspringen, einen Wandel herbeizuführen. Leider entsteht das Problem jedoch in vielen Fällen durch tiefe Krisen. Viele Menschen wenden sich dem Essen zu, wenn sie deprimiert sind. Sie essen, um sich zu trösten – gerade so, als könne Nahrung ihre innere Leere füllen. Dies kann zu einem Teufelskreis führen, der schwer zu durchbrechen ist: Man ist deprimiert, deswegen ißt man, und dann ärgert man sich über sich selbst und fühlt sich elend, weil man wieder zu viel gegessen oder die Diät nicht eingehalten hat.

In dieser Situation kann die Aromatherapie helfen. Stimmungshebende Öle können die Mißmutigkeit und die negativen Gefühle vertreiben, die zu übermäßigem Essen und mangelndem Selbstwertgefühl führen. Man braucht während einer Diät Unterstützung und wenn man in den Teufelskreis geraten ist, Hilfe, um wieder herauszufinden. Man braucht Inspiration, um mit sich ins Reine zu kommen und wieder sehen zu können, daß sich die Mühe lohnt.

Mit Hilfe von ätherischen Ölen läßt sich Streß abbauen und ein Gefühl des Wohlbefindens erzeugen. Dies kann uns dabei helfen, den ersten Schritt in die richtige Richtung zu tun, um die Gewichtsprobleme in den Griff zu bekommen. Wir signalisieren unserem Körper damit die Botschaft, daß er uns etwas bedeutet. Wer sich gesund und vital fühlt, kann eher entscheiden, was für ihn gut und richtig ist.

Folgende Öle können im Bad oder der Massage angewandt werden:

- Bergamotte – stimmungshebend, gut gegen Depressionen.
- Jasmin – vermittelt ein Gefühl von innerer Schönheit und Freude.
- Rose – öffnet den Sinn für Weiblichkeit und Leichtigkeit, der sehr wichtig ist, weil man sich selbst bei geringem Übergewicht oftmals wie ein »Kloß« vorkommt.
- Ylang-Ylang – gibt ein Gefühl der Sanftheit, des Wohlbefindens und der Leichtigkeit.
- Rosenholz – beruhigend und stimmungshebend.
- Geranium – hilft, das Gleichgewicht wiederherzustellen. Wer eine Diät anfängt, neigt oft zu Extremen. Man möchte schnelle Ergebnisse sehen und ist daher zu radikalen – aber ungesunden – Fastenkuren bereit. Geranium kann die Ausgewogenheit zwischen Körper und Geist wiederherstellen.

Der erste Schritt zu äußerer Schönheit ist das innere Wohlbefinden. Die genannten Öle stärken ausnahmslos das Selbstwertgefühl und helfen dabei, eine bislang unbekannte Entschlossenheit zu entwickeln.

Sich verwöhnen statt essen

Es steht außer Frage, daß man bei jeder Diät auf vieles verzichten muß. Wenngleich Ernährungsfachleute heutzutage ausnahmslos vernünftige Diäten ohne Extreme empfehlen, bei denen in bescheidenem Maße auch persönlichen Gelüsten Rechnung getragen wird, ist das Abnehmen doch eher anstrengend und alles andere als ein Kinderspiel. Kein Schwelgen in Lieblingsmahlzeiten, kein Essen zum Trost und keine kleinen Leckereien als Belohnung für harte Arbeit oder besondere Leistungen. An diesem Punkt kann die Aromatherapie wertvolle Hilfe leisten.

Gönnen Sie sich zur Belohnung eine aromatherapeutische Ganzkörpermassage oder Gesichtsbehandlung. Dies ist eine gesunde Alternative zum Essen. Verwöhnt zu werden ist nicht nur Luxus, sondern auch ein wertvoller Beitrag zur Gewichtsreduktion. Sagen Sie dem Therapeuten, daß Sie gerade eine Diät machen. Er kann dann Öle wählen, die den Fettabbau in besonders hartnäckigen Bereichen fördern oder Problemen wie Wasseransammlung im Gewebe oder Zellulitis entgegenwirken. Die Tatsache, daß Sie sich Zeit für sich selbst nehmen, verstärkt zudem die innere Botschaft, daß Sie sich etwas wert sind und Ihr Körper Ihnen etwas bedeutet. Dies stärkt das Selbstwertgefühl – und davon kann man während einer Diät nie genug haben!

Harntreibende und entgiftende Öle

Wacholder, Rosmarin und Fenchel leisten ausgezeichnete Dienste, wenn der Körper zu übermäßiger Wasseransammlung oder Verstopfung neigt und der Entschlackung bedarf. Die möglichen Ursachen für solche Symptome sind vielfältig:

- ✧ ungesunde Ernährung oder Lebensweise
- ✧ Einsetzen der Regel oder der Wechseljahre
- ✧ Allergien
- ✧ Streß

Ungesunde Ernährung

Harntreibende und entgiftende Öle helfen, wenn der Körper aufgrund einer langfristigen ungesunden Ernährung und Lebensweise zu Verstopfung und Schlackenansammlung neigt und nicht so funktioniert, wie er funktionieren sollte.

Übermäßiger Konsum von Zucker, Alkohol, Kaffee und Fast food verlangsamen die Stoffwechselvorgänge. Der Verdauungsapparat muß mit Nahrungsmitteln kämpfen, die zwar reich an Füllmaterial, aber arm an Nährstoffen sind. Durch ein Übermaß an Alkohol wird vor allem die Leber in Mitleidenschaft gezogen. Der Organismus wird übersäuert und hält an Flüssigkeiten fest, um die Säure zu verdünnen. Also sollten Menschen, die aufgrund von ungesunder Ernährung zu Wasseransammlung im Gewebe neigen, möglichst viel Wasser trinken.

Dies mag widersinnig erscheinen und viele Menschen, die unter diesem Symptom neigen, sind der Ansicht, mehr Wasser zu trinken bedeute auch, mehr davon zu speichern. So greifen sie lieber zu harntreibenden Tabletten. Tatsache ist aber, daß der Stoffwechsel um so besser arbeitet, je mehr Wasser man trinkt, weil dann Giftstoffe schneller abgebaut und ausgeschieden werden können. Und ist der Körper erst einmal von Giftstoffen befreit, braucht er kein Wasser mehr zu speichern, weil der Organismus gereinigt ist.

Bei der Umstellung auf eine gesündere Lebensweise können die oben genannten Öle eingesetzt werden, um den Organismus zu stimulieren und zu effizienterem Funktionieren anzuregen.

Prämenstruelle Anspannung

Unmittelbar vor der Periode speichern viele Frauen ein wenig mehr Wasser als gewöhnlich, doch dieses wird normalerweise gleich nach der Regel wieder ausgeschieden. Durch das Massieren mit harntreibenden Ölen in der Zeit vor der Menstruation können diese Symptome gelindert werden.

Allergien

Manche Menschen speichern Wasser in ihrem Körper, weil sie gegen ein Nahrungsmittel, das sie zu sich nehmen, allergisch sind. Allergien werden am häufigsten durch Weizen, Kaffee und Milcherzeugnisse ausgelöst. Wenn Sie den Verdacht haben, gegen irgend etwas allergisch zu sein, sollten Sie sich an einen Arzt wenden, um herauszufinden, was genau die Ursache ist. Auch Verdauungsbeschwerden stehen oft mit Allergien in Zusammenhang. So wird von Betroffenen immer wieder berichtet, daß sich bei den unterschiedlichsten Symptomen – von Magen-Darm-Schwäche über Hautbeschwerden und Reizbarkeit bis hin zu Schlaflosigkeit – Besserung einstellte, nachdem eine bestimmte Allergie erkannt und das betreffende Allergen aus dem Speiseplan gestrichen wurde. In vielen Fällen ist es dann auch kein Problem mehr, abzunehmen.

Streß

Streß kann alle wichtigen Körperfunktionen lahmlegen. Er kann den Kreislauf und Lymphabfluß beeinträchtigen. Das beste Mittel gegen Streß ist eine regelmäßige Entspannungsmassage mit entspannungsfördernden Ölen wie Lavendel, Majoran, Rosenholz, Sandelholz oder Neroli.

Lymphdrainage

Das Lymphsystem sorgt für:

✧ den Abfluß von Körperflüssigkeiten,
✧ die Abführung und Beseitigung von Schlackenstoffen,
✧ die Absorption von Fett im Darm.

Ein effizientes Funktionieren des Lymphsystems ist von oberster Bedeutung. Ist es beeinträchtigt, kann dies zu Abgeschlagenheit, Aufgedunsenheit, Ermüdungserscheinungen, Wasseransammlung im Gewebe und Zellulitis führen. Lymphdrainage ist eine spezielle Form der Massage, die von vielen Aromatherapeuten angeboten wird und sich zunehmender Beliebtheit erfreut, da sie den genannten Symptomen entgegenwirkt und das Lymphsystem anregt. Bei einer Lymphdrainage massiert der Therapeut mit sanftem Druck entlang der Lymphbahnen – das heißt, von den Händen zu den Achselhöhlen und den Fußknöcheln über die Lenden bis hin zum Schlüsselbein – unterstützende Öle ein. Dies sind zum Beispiel:

✧ Fenchel – reinigend und harntreibend
✧ Wacholder – entgiftend, harntreibend, gut bei überlasteter Leber
✧ Schwarzer Pfeffer – stimulierend
✧ Rosmarin – reinigend, anregend, stimulierend

✧ Geranium – ausgleichend, harntreibend
✧ Zypresse – durchblutungsfördernd.

Arbeitet das Lymphsystem richtig, verschwinden hartnäckige Pfunde leichter.

Für die Eigenbehandlung empfiehlt es sich, die genannten Öle im Bad und für tägliche Bürstenmassagen zu verwenden. Dabei werden die Lymphbahnen mit zügigen, festen Bürstenstrichen aktiviert.

Begleitsymptome von Übergewicht

Magen-Darm-Schwäche

Bestimmte Öle unterstützen den Verdauungsapparat und regulieren die Darmtätigkeit. Es genügt jedoch nicht, einfach entsprechende ätherische Öle anzuwenden. Abhilfe schafft vor allem eine Umstellung der Ernährung nach Absprache mit einem Ernährungsberater. Ist diese Umstellung erst einmal im Gange, können die Öle jedoch eingesetzt werden, um den Genesungsprozeß zu unterstützen.

Verstopfung

Wie die Magen-Darm-Schwäche hat auch die Verstopfung ihre Ursachen. Folgendes kann getan werden:

✧ Mehr Wasser trinken.
✧ Ernährung überprüfen, um festzustellen, inwieweit hier die Ursache für die Verstopfung zu finden ist. Bei der Umstellung der Ernährung wird oft empfohlen, mehr Ballaststoffe, viel frisches Gemüse und Obst und weniger rotes Fleisch zu essen.
✧ Für Massagen und Bäder solche ätherischen Öle wählen, die die Darmtätigkeit anregen. Bei Verstopfung helfen unter an-

derem: Fenchel, schwarzer Pfeffer, Majoran, Ingwer, Rosmarin.
- Die Lebensweise überdenken und eventuell mehr körperliche Aktivitäten einplanen, wenn diese in der Vergangenheit allzukurz gekommen sind.

Zellulitis

Hierbei handelt es sich um Fettablagerungen an Hüften, Oberschenkel und Gesäß, manchmal auch an den Oberarmen und am Bauch. Die Haut sieht in diesem Bereich uneben und griesartig aus, wie eine Orangenschale – daher auch die Bezeichnung »Orangenhaut«. Wenngleich Zellulitis in manchen Fällen erblich bedingt ist, hat sie folgende Hauptursachen:

- hormonelle Verschiebungen,
- mangelnde Durchblutung,
- Rauchen,
- mangelhafte Ernährung,
- Zucker,
- Alkohol,
- Streß,
- mangelnde Bewegung.

Wenngleich die Aromatherapie auch in diesem Fall wertvolle Hilfe leisten kann, kommt es auch hier, wie bei allen Begleitsymptomen von Übergewicht, vor allem auf eine Umstellung der Lebensweise an:

- Ernährung: viel rohes Gemüse und Obst essen.
- Regelmäßige Bewegung.
- Bürstenmassagen (wie bei der Lymphdrainage).
- Zucker, Kaffee, Alkohol und Zigaretten meiden.
- Täglich 6 – 8 Gläser Wasser trinken.

- ✧ Regelmäßig zum Aromatherapeuten gehen.
- ✧ Jeden Tag ein aromatisches Bad nehmen.
- ✧ Eine individuelle Ölmischung zusammenstellen und jeden Abend vor dem Schlafengehen einmassieren. Hierzu jeweils drei der folgenden Öle wählen und mit Basisöl verdünnen: Zypresse, Rosmarin, Fenchel, schwarzer Pfeffer, Zitrone, Wacholder, Geranium oder Zedernholz. Mischung: 10 Tropfen ätherisches Öl auf 20 ml Basisöl.
- ✧ Einmal in der Woche die betroffenen Stellen mit heißen Umschlägen behandeln, die mit dem Öl getränkt wurden. Vorgewärmte Handtücher darüberlegen, damit das Öl besser in die Haut eindringen kann und der Entgiftungsprozeß unterstützt wird.

Zellulitis erscheint nicht innerhalb von einer Woche und wird auch sicher nicht über Nacht verschwinden. Doch wenn Sie sich an die oben genannten Schritte halten, sollte nach etwa sechs Wochen bereits eine deutliche Verbesserung zu erkennen sein. Um die Zellulitis ganz zum Verschwinden zu bringen, müssen Sie diesen Maßnahmen einen festen Platz in Ihrem Leben einräumen.

Dehnungsstreifen

Sind die Dehnungsstreifen erst einmal da, so heißt es, kann man kaum noch etwas dagegen tun, obwohl sie mit der Zeit etwas schwächer werden. Und so kann man zur Unterstützung eigentlich nur etwas für die Hautstraffung tun.

Angesichts dieser Tatsache wird deutlich, wie wichtig rechtzeitige Vorbeugung ist. Wenn Sie ein Diätprogramm durchführen und dabei viel abnehmen wollen, sollten Sie von Anfang an entsprechende ätherische Öle anwenden, um Dehnungsstreifen zu vermeiden. Warten Sie nicht, bis Sie abgenommen haben.

Geeignete Öle in diesem Zusammenhang sind Mandarine und Neroli. Sie werden abends in Körperlotion oder Trägeröl verdünnt aufgetragen, damit sie über Nacht einwirken können.

Bluthochdruck

Wer Übergewicht hat, leidet oft auch unter zu hohem Blutdruck. Da dieser das Herz belastet und in Extremfällen gar Herz- und Nierenversagen verursachen kann, sollte man ihn auf keinen Fall ignorieren oder auf die leichte Schulter nehmen. Reduzieren Sie den Streß, und stellen Sie Ihre Ernährung und allgemeine Lebensweise um. Ein Arzt oder Ernährungsberater kann Ihnen am besten sagen, was im einzelnen zu tun ist.

Folgende ätherischen Öle sind bei Bluthochdruck zu empfehlen: Majoran, Muskatellersalbei, Lavendel und Ylang-Ylang. Diese können sowohl im Bad als auch in der Massage angewandt werden.

8
Aromatherapie in der Schönheitspflege

Angesichts der Überfülle an Produkten, die heutzutage auf dem Markt sind, kann es passieren, daß man ein Vermögen für Schönheitspflege ausgibt, ohne jemals sicher zu sein, wofür man nun eigentlich so viel Geld zahlt: für das Mittel selbst oder die aufwendige Verpackung und Werbung.

Die in diesem Kapitel aufgeführten ätherischen Öle sind meines Erachtens die wirkungsvollsten Hautpflegemittel überhaupt. Ätherische Öle sind nicht nur hocheffizient, sondern auch natürlich und lassen sich zu einer ganzen Reihe von Produkten verarbeiten, die nicht die Welt kosten, in allen Bereichen der Schönheitspflege tatsächlich etwas bewirken und gleichzeitig etwaige Verspannungen und Streßsymptome abbauen.

Bevor wir uns den einzelnen Ölen und deren Nutzen für die verschiedenen Hauttypen zuwenden, möchte ich noch einmal betonen, daß man noch so viele Cremes und Lotionen auftragen kann – die eigentlichen Erfoge erzielt man aber nur, wenn man neben ätherischen Ölen auf eine gesunde Lebensweise und insbesondere eine vernünftige Ernährung achtet.

Was wir unserem Körper zuführen, wirkt sich sehr deutlich auf den Zustand unserer Haut aus. Eine unausgewogene Ernährung kann zu Pickeln und fettiger Haut führen. Zuviel Koffein, Alkohol und Zigaretten trocknen die Haut aus und lassen sie vorzeitig altern.

Bei Hautproblemen sollte man sich folgende Fragen stellen und gegebenenfalls etwas ändern:

- ✧ Nehme ich zu viel Fertignahrung, Zucker und Alkohol zu mir?
- ✧ Habe ich zu viel Streß?
- ✧ Bewege ich mich zu wenig?
- ✧ Bekomme ich genug Schlaf?
- ✧ Bin ich krank?
- ✧ Trinke ich genügend Wasser?
- ✧ Pflege ich meine Haut zu wenig oder falsch?
- ✧ Setze ich mich zu sehr der Sonne oder rauher Witterung aus, ohne meine Haut ausreichend zu schützen?

Ätherische Öle in der täglichen Schönheitspflege

Um ätherische Öle zur täglichen Schönheitspflege zu nutzen, haben Sie drei Möglichkeiten:

1. Sie fügen sie den Produkten bei, die Sie im Augenblick benutzen, und steigern so deren Wirksamkeit.

2. Sie kaufen in der Drogerie, im Reformhaus oder bei den entsprechenden Anbietern oder Versandhändlern fertige Pflegeprodukte mit ätherischen Ölen.

3. Sie stellen Ihre Kosmetika selbst her.

Es ist sicher eine interessante Sache, selbstgemachte Pflegeprodukte mit ätherischen Ölen zu verwenden, doch den meisten fehlt es wahrscheinlich an Zeit, um Cremegrundlagen anzurühren und Gesichtswässer, Shampoos, Cremes und Feuchtigkeitslotionen komplett aus Rohstoffen herzustellen.

Dies braucht kein Hindernis zu sein. Bei vielen Versandhändlern und Anbietern von Naturkosmetik bekommen Sie neutrale Basisprodukte, die frei von chemischen Inhaltsstoffen und unparfümiert sind und mit den ätherischen Ölen Ihrer Wahl angereichert werden können.

Die Drogerie Spinnrad z.B. hat in vielen Städten Ladenlokale, außerdem gibt es einen Katalog, über den Sie alle Produkte auch bestellen können. Diese und weitere Adressen von Versandhändlern finden Sie im Anhang IV. Weiterhin gibt es in fast jeder Stadt einen speziellen Laden für Naturkosmetik, wo Sie ebenfalls alles erhalten, was Sie für die eigene Herstellung von Kosmetik brauchen. – Und natürlich alle Zutaten für die Aromatherapie.

Haben Sie erst einmal die neutrale Basis, können Sie experimentieren, um herauszufinden, welche ätherischen Öle Ihren Wünschen und Bedürfnissen am ehesten gerecht werden.

Als Faustregel für die Mischung gilt:

Zur Gesichtspflege: 3 Prozent ätherisches Öl auf 97 Prozent Basisprodukt.

Zur Körperpflege: 5 Prozent ätherisches Öl auf 95 Prozent Basisprodukt.

Ätherische Öle und ihre Wirkung auf die Haut

Einer der Gründe, warum ätherische Öle in der Hautpflege so wirkungsvoll sind, ist ihre Fähigkeit, direkt in die unterste Hautschicht vorzudringen.

Die Haut besteht aus drei Schichten:

- Unterhaut (Subutis) – dies ist die unterste Hautschicht; sie besteht aus Muskeln und Fettgewebe.
- Lederhaut (Cutis) – in dieser Hautschicht liegen die Blut- und Lymphgefäße, die sensorischen Nerven, die Haarwurzeln sowie die Schweiß- und Talgdrüsen. (Die Schweißdrüsen sondern Schweiß ab, der durch die Poren der Haut entweicht. Sind diese Poren blockiert, bilden sich Pickel und Mitesser. Die Talgdrüsen produzieren den Talg, der die Haut geschmeidig hält, die Feuchtigkeit in den Zellen einschließt

und die Elastizität der Haut bewahrt.) Die Funktion dieser Drüsen bestimmt, ob die Haut trocken, fettig oder normal ist.

- Oberhaut (Epidermis) – diese oberste Hautschicht wird vor allem aus abgestorbenen Hautzellen gebildet. Die Hautzellen erneuern sich ständig. Die in der Lederhaut produzierten Zellen wandern nach oben. (Dieser Prozeß verlangsamt sich mit zunehmendem Alter.)

Viele der heute angebotenen kosmetischen Produkte nehmen für sich in Anspruch, in alle drei Hautschichten vorzudringen, doch in Wirklichkeit erreichen nur sehr wenige die Unterhaut.

Ätherische Öle aber dringen dank ihrer besonderen Molekularstruktur direkt in die unterste Hautschicht vor und können so jeden Hauttyp von innen heraus verbessern.

Je nach Erfordernis können sie zur Nährung, Regeneration, Stimulation oder Beruhigung eingesetzt werden. Dank ihrer antiseptischen Eigenschaften bleiben die Öle rein und frei von Bakterien.

Trockene Haut

Die Ursache:

Trockene Haut ist auf eine Unterfunktion der Talgdrüsen zurückzuführen, durch die nicht genügend Fett abgesondert wird, um die Feuchtigkeit in der Haut zu binden.

Die Lösung:

Abhilfe schaffen ätherische Öle, die die Talgdrüsenfunktion anregen, die Haut mit Feuchtigkeit versorgen und ihr Nährstoffe zuführen.

Zu vermeiden:

Sonne, Sonnenbank, Alkohol, überheizte Räume

Öle für trockene Haut:

Geranium, Rose, Sandelholz, Neroli, Patchouli, Ylang-Ylang, Kamille

Gesichtswasser:

Kamille, Rosenwasser oder Hagebutte

Basisöle:

Jojobaöl – macht die Haut seidig
Avocadoöl – nährstoffreich
Süßmandelöl – zieht leicht ein
Haselnußöl – reich an Vitamin E
Fügen Sie Ihrer Mischung jeweils zehn Prozent Weizenkeimöl zu, um sie haltbar zu machen.

Gesichtsmaske zur wöchentlichen Anwendung:

Eine Tasse Hafermehl, ein Löffel Mandelöl, etwas Wasser und vier Tropfen ätherisches Öl verrühren, auf das Gesicht auftragen und zehn Minuten einwirken lassen.

Fettige Haut

Die Ursache:

Bei fettiger Haut sind die Talgdrüsen überaktiv und produzieren zuviel Fett.

Die Lösung:

Hier sind Öle gefragt, die das Ungleichgewicht beseitigen und die Talgdrüsenfunktion normalisieren. Es ist wichtig, die Haut regelmäßig zu reinigen, so daß die Poren nicht mit Staub, Make-up-Resten oder abgestorbenen Hautpartikeln verstopft werden. Die antiseptischen Eigenschaften von ätherischen Ölen wirken Entzündungen und damit auch Pickeln und Unreinheiten entgegen.

Gleichzeitig ist es wichtig, die Haut durch Anwendung von ätherischen Ölen geschmeidig zu halten. Viele Menschen mit fettiger Haut versuchen, ihre Haut so trocken wie möglich zu bekommen und jede Spur von Fett zu beseitigen. Dies führt jedoch zu einem Teufelskreis, denn die Talgdrüsen werden nur noch mehr Fett produzieren, um das zu ersetzen, was entfernt worden ist. Es geht vielmehr darum, die

Talgdrüsenfunktion zu regulieren, das Problem an der Wurzel zu packen und die Haut bakterienfrei zu halten.

Zu vermeiden:

Kaffee, Zucker, fettes oder scharfes Essen

Gesichtswasser:

Orangenwasser oder Hamamelis (gut zur Porenöffnung)

Basisöle:

Wer zu fettiger Haut neigt, nimmt leichtere Basisöle, die relativ schnell von der Haut aufgenommen werden.

Traubenkernöl – sehr leicht

Aprikosen- oder Pfirsichkernöl – werden schnell absorbiert.

Öle für fettige Haut:

Zitrone, Bergamotte, Wacholder, Geranium, Sandelholz, Neroli, Lavendel, Teebaum. Lavendel ist besonders hilfreich bei Narbenbildung, da es den natürlichen Heilungsprozeß der Haut beschleunigt.

Dampfbäder sind gut, um die Poren zu reinigen. Geben Sie ein paar Tropfen Wacholder, Zitrone oder Lavendel in eine Schüssel mit kochendem Wasser, legen Sie sich ein Handtuch über den Kopf, und beugen Sie Ihr Gesicht über die Schüssel. Wenn nötig, kommen Sie ab und zu unter dem Tuch hervor, um Luft zu schnappen. Nach dem Dampfbad das Gesicht mit kaltem Wasser erfrischen, damit sich die Poren schließen.

Statt eines Dampfbads können Sie auch eine heiße Kompresse auflegen. Ein sauberes Tuch in heißem Wasser tränken, dem ein paar Tropfen eines der genannten ätherischen Öle beigemischt wurden. Das Tuch einige Minuten auf dem Gesicht liegen lassen. Auch hier das Gesicht nachher mit kaltem Wasser erfrischen, damit sich die Poren schließen.

Akne

Akne wird ebenfalls von einer Überfunktion der Talgdrüsen verursacht. Wenn nichts gegen das Zuviel an Fett getan wird, können sich Mitesser, Schuppen oder Ekzeme bilden. Bei Akne läßt sich mit ätherischen Ölen und einer ausgewogenen, gesunden Ernährung viel erreichen, und innerhalb eines Monats müßte sich das Hautbild auf jeden Fall bessern. Alle Empfehlungen für fettige Haut gelten auch für Akne.

Alternde Haut

Die Ursache:

Das Älterwerden und all die Belastungen, denen wir auf unserem Weg ausgesetzt sind – von Witterungseinflüssen bis hin zu den Höhen und Tiefen des Lebens –, hinterlassen ihre Spuren und fordern ihren Tribut selbst von der gepflegtesten Haut.

Von dieser Tatsache einmal abgesehen, braucht eine neue Hautzelle hundertzwanzig Tage, um von der Lederhaut an die Hautoberfläche zu wandern und abzusterben. Mit zunehmendem Alter verlangsamt sich dieser Prozeß, und die Zellen an der Oberfläche werden nicht mehr so oft erneuert. Aus diesem Grund sieht die Haut manchmal müde oder auch ein wenig stumpf aus. Auch das Elastin und die Kollageneinlagerungen nehmen ab, so daß die Haut an Elastizität, Festigkeit und Geschmeidigkeit verliert.

Die Lösung:

Gerade die reifere Haut ist auf regelmäßige Pflege angewiesen, und obwohl man den Alterungsprozeß nicht aufhalten kann, ist es sicherlich möglich, ihn etwas hinauszuzögern. Peelings dürfen in Ihrem Pflegeprogramm nicht fehlen, denn sie helfen, abgestorbene Hautzellen zu entfernen. Anschließend wird das Wachstum neuer Zellen mit ätherischen Ölen stimuliert. Die Öle können an jeder beliebigen Stelle des Pflegeprogramms eingesetzt und der Reinigungsmilch, dem Gesichtswasser oder der Feuchtigkeitslotion beigemischt werden. Vergessen Sie nicht, den Hals mitzubehandeln.

Zu vermeiden:

Wie bei trockener Haut: Sonne, allzu viel Koffein, Alkohol, Zigaretten, Fertignahrung, Streß

Basisöle:

Bei reiferer Haut wird man in der Regel etwas schwerere Öle oder Feuchtigkeitslotionen vorziehen. Avocado-, Sesam- und Jojobaöl sind gut geeignet; wenn sie Ihnen zu gehaltvoll erscheinen, fügen Sie ein wenig leichtere Öle wie Aprikosen- oder Traubenkernöl hinzu. Auch hier empfiehlt es sich, etwas Weizenkeimöl zur Haltbarmachung beizumischen.

Öle für alternde Haut:

Rose, Weihrauch, Neroli, Myrrhe, Zitrone, Patchouli, Sandelholz, Karottensamen.

Normale Haut

Die Ursache:

Ein gutes, normales Hautbild ist entweder erblich bedingt oder auf eine ausgewogene Ernährung sowie eine gute gesundheitliche Verfassung und Pflege zurückzuführen, und nur sehr wenige Menschen sind mit einer völlig normalen Haut gesegnet. Die Haut ist für gewöhnlich eher zu trocken oder zu fettig; daneben gibt es auch noch Mischtypen. Gute Pflege ist ungeachtet des Alters oder Hautbilds immer wichtig. Wie generell in der Aromatherapie ist auch hier die Vorbeugung am erfolgversprechendsten. Je früher Sie also damit beginnen, Ihre Haut mit solch hervorragenden Produkten zu pflegen, desto länger wird sie es Ihnen mit frischem, gesundem Aussehen lohnen.

Die Lösung:
Sorgfältige Pflege und regelmäßige Anwendung von ätherischen Ölen.

Basisöle:
Sie können sich bei Ihrer Wahl ganz von Ihren Vorlieben leiten lassen, wenngleich die meisten Menschen leichtere Öle wie Aprikosen- oder Pfirsichkernöl bevorzugen.

Öle für die normale Haut:
Rose, Lavendel, Zitrone, Neroli, Bergamotte, Sandelholz, Petitgrain, Patchouli, Rosenholz, Ylang-Ylang

Beispiele für eine regelmäßige Gesichtspflege mit ätherischen Ölen

Täglich

Mit einer Reinigungsmilch reinigen, der eine Kombination von den für Ihren Hauttyp geeigneten ätherischen Ölen beigemischt wurde. Zum Beispiel:

Bergamotte und Sandelholz
Geranium und Zitrone
Lavendel und Kamille

Mit Hamamelis-, Orangenblüten- oder Rosenwasser klären, dem eine der folgenden Ölkombinationen beigegeben wurde:

Zitrone und Lavendel
Petitgrain und Bergamotte
Limone und Zedernholz
Rosenholz und Rose
Zitrone und Limone

Mit einer neutralen Feuchtigkeitsemulsion oder -creme nähren, der eine der folgenden Ölkombinationen beigegeben wurde:

Neroli, Weihrauch und Rose
Rose und Lavendel
Ylang-Ylang, Zitrone und Sandelholz
Jasmin und Patchouli
Myrrhe und Zitrone
Geranium, Zitrone und Rosenholz

Wöchentlich

Eine heiße Kompresse machen. Hierzu ein sauberes Tuch in Wasser tränken, dem ein paar Tropfen Öl beigefügt wurden. Folgende Öle sind geeignet:

Lavendel, Rose
Geranium und Sandelholz
Weihrauch und Zitrone

Das Tuch fünf Minuten auf dem Gesicht liegen lassen, dann die Haut mit kaltem Wasser erfrischen, damit sich die Poren schließen.

Monatlich

Ein Peeling zur Beseitigung abgestorbener Hautzellen von der Hautoberfläche. Entweder Sie verwenden ein fertiges Peeling und versetzen es mit ätherischen Ölen Ihrer Wahl, oder Sie mischen sich Ihr eigenes an. Dazu eine Tasse Hafermehl (je nach Wunsch fein oder grob), einen Teelöffel klaren Honig und eine halbe Tasse gemahlene Mandeln mischen. Sechs Tropfen Öl hinzufügen. Auf das Gesicht auftragen. Geeignete Öle sind Geranium, Sandelholz oder Bergamotte.

Besondere Pflege

Zusätzlich zu der regelmäßigen Gesichtspflege können Sie Ihr Gesicht und Ihren Körper natürlich noch besonders pflegen und verwöhnen. Dies dürfen Sie so oft machen, wie Sie möchten – immer dann, wenn es Ihnen guttut!

Gesichtsmasken

Entweder Sie kaufen eine fertige Maske aus Heilerde und reichern diese mit einigen Tropfen ätherischem Öl an, oder Sie stellen aus frischen Früchten wie Aprikosen, Pfirsichen oder sogar Äpfeln eine eigene her.

Ein Ei oder ein Teelöffel Honig verleihen selbstgemachten Masken mehr Substanz. Früchte im Mixer pürieren, ein paar Tropfen ätherisches Öl hinzufügen, auf das Gesicht auftragen und zehn Minuten einwirken lassen. Solche Obstmasken sind zwar gut für die Haut, aber sie verlaufen und verschmieren leicht. Decken Sie also ihr Haar gut ab, wenn Sie es nachher nicht waschen wollen! Für Gesichtsmasken sind Rose, Sandelholz, Lavendel, Ylang-Ylang, Rosenholz oder Patchouli die beste Ergänzung.

Augenmasken

Lindern Schwellungen nach langen Nächten und erfrischen die Augen vor dem abendlichen Ausgehen nach einem langen Arbeitstag.

Kamillenteebeutel sind ideale Augenmasken, denn sie sind sicher in der Anwendung und reizen nicht. Einfach zwei Beutel in eine Tasse legen und mit kochendem Wasser übergießen, als wollten Sie Tee zubereiten. Ein oder zwei Tropfen ätherisches Öl wie Neroli, Kamille oder Lavendel in die Flüssigkeit träufeln. Achten Sie darauf, daß sich das Öl gut im Wasser verteilt und von den Beuteln aufgesogen wird. Beutel ausdrücken, auf die Augen legen und einige Minuten einwirken lassen.

Baden mit ätherischen Ölen

Es gibt mehrere Möglichkeiten, ätherische Öle zum Baden anzuwenden:

- ✧ 6 bis 8 Tropfen ins Wasser geben und mit den Händen gut verteilen.
- ✧ Ätherisches Öl (5 Prozent) mit Basisöl (95 Prozent) mischen und den Körper vor dem Baden damit einreiben. Durch die Wärme des Wassers dringt das Öl leichter in die Haut ein.
- ✧ Ätherisches Öl in fertiges Schaumbad mischen.
- ✧ Ätherisches Öl (5 Prozent) in eine Körpermilch oder -lotion (95 Prozent) einrühren und nach dem Baden auf den Körper auftragen.

Geeignete Öle:

Die folgenden Öle riechen so intensiv, daß eines allein genügt, um aus einem Bad ein entspannendes Dufterlebnis zu machen:

Rose
Jasmin
Ylang-Ylang
Neroli
Orange
Bergamotte
Rosenholz
Geranium
Sandelholz
Patchouli

Es sind auch Mischungen möglich, zum Beispiel:

Für Männer:

Limone, Lavendel, Zedernholz, Bergamotte, Sandelholz

Für Frauen:

Zitrone, Ylang-Ylang

Erfrischend:

Rosmarin, Zitrone

Entspannend:
Lavendel, Rose
Exotisch:
Ylang-Ylang, Patchouli
Nervenberuhigend:
Neroli, Rosenholz
Stimmungshebend:
Jasmin, Zitrone

Hände und Füße

Ätherische Öle in parfumfreie Hand- oder Fußcreme einrühren.
Für die Hände:
Kamille, Lavendel, Benzoe
Für die Füße:
Sandelholz, Lavendel, Rosenholz – bei überlasteten, heißen Füßen wirken ein paar Tropfen Pfefferminze wunderbar kühlend.

Haarpflege

Glänzendes, schönes Haar ist das beste Zeichen für eine gute Gesundheit, doch es wird ständig durch Fönen, Bleichen, Färben, Luftverschmutzung, billige Shampoos, Sonne und Meerwasser strapaziert. Wie bei den anderen Pflegeprodukten können Sie ätherische Öle auch hier Ihren Lieblingsshampoos oder -spülungen beimischen, um deren Effizienz zu steigern; oder Sie rühren die Öle einfach unter parfumfreie Shampoos, die im einschlägigen Versandhandel oder Drogerien erhältlich sind.
Normales Haar:
Rosmarin, Lavendel, Zitrone, Zedernholz, Sandelholz
Trockenes Haar:
Sandelholz, Kamille, Lavendel, Rosmarin

Fettiges Haar:

Zitrone, Rosmarin, Zypresse, Geranium

Schuppen:

Rosmarin, Zitrone, Eukalyptus, Teebaum (Teebaum ist zwar sehr wirkungsvoll bei der Bekämpfung von Schuppen, doch wer den starken Geruch nach Desinfektionsmittel als abschreckend empfindet, sollte einen ihm angenehmeren Duft wählen.)

Haarausfall:

Dem Shampoo und Festiger ein paar Tropfen Zedernholz oder Rosmarin beimischen; außerdem die Kopfhaut regelmäßig kräftig massieren. Dazu Basisöl mit den beiden genannten Ölen mischen (3 Prozent ätherisches Öl auf 97 Prozent Basisöl genügen).

Um die Haarfarbe zu intensivieren, 6 Tropfen ätherisches Öl in die letzte Spülung geben.

Für dunkles Haar:

Rosmarin, Zedernholz

Für helles Haar:

Zitrone, Kamille

Haarkuren

Einmal im Monat sollten Sie Ihrem Haar eine Kur gönnen. Dazu ein geeignetes ätherisches Öl in ein Basisöl einrühren. Das Haar in Strähnen teilen und das Öl von den Wurzeln bis in die Spitzen einmassieren. Den Kopf in ein vorgewärmtes Handtuch hüllen und 15 Minuten einwirken lassen. Mit Shampoo sorgfältig auswaschen, um überschüssiges Öl zu beseitigen. Das gibt dem Haar einen seidigen Glanz.

Bei fettigem Haar:

50 ml Mandelöl und insgesamt 10 Tropfen Zitrone, Rosmarin und Bergamotte

Bei trockenem Haar:
50 ml Mandelöl und insgesamt 10 Tropfen Sandelholz, Lavendel und Kamille

Bei normalem Haar:
50 ml Mandelöl und insgesamt 10 Tropfen Rosenholz, Rosmarin und Lavendel

9
Aromatherapie in der Frauenheilkunde

In der Frauenheilkunde gibt es vielfältige Einsatzmöglichkeiten für die Aromatherapie. Sie kann Beschwerden wie Blasenentzündung und Pilzerkrankungen lindern und in Phasen starker Belastung – zum Beispiel während der Schwangerschaft und Geburt sowie in der Zeit danach – für allgemeines Wohlbefinden und einen stabilen Gesundheitszustand sorgen.

Frauenleiden

Entzündungen und Pilze

Wer schon einmal eine Blasenentzündung hatte, weiß, wie leicht sich daraus ein frustrierender Teufelskreis entwickelt: Oft werden nämlich Antibiotika verschrieben, um die Erreger abzutöten und die schmerzhaften Symptome zu lindern. Durch die Einnahme von Antibiotika aber entwickeln viele Frauen eine Pilzerkrankung im Vaginalbereich. Ätherische Öle leisten bei beiden Krankheitsbildern hervorragende Dienste. Bei richtiger und rechtzeitiger Anwendung sind sie eine natürliche Alternative zu Antibiotika.

Blasenentzündung (Zystitis)

Eine Blasenentzündung wird durch eine bakterielle Infektion im Blasen- oder Nierenbereich hervorgerufen. Symptomatisch hierfür sind permanenter Harndruck und ein Brennen beim Wasserlassen. Wird sie nicht behandelt, kann die Infektion äußerst schmerzhaft werden, sich in die Nieren ausbreiten und dort ernsthafte Symptome verursachen. In diesem Fall kommt es zu heftigen Schmerzen im unteren Rückenbereich, Schweißausbrüchen und Übelkeit.

Behandlung

1. Wenn die beschriebenen Symptome auftreten, so viel Wasser wie möglich trinken (sechs bis acht Gläser). Wenn Sie sich dazu überwinden können, nehmen Sie zusätzlich einen Eßlöffel Natriumbikarbonat in etwas Wasser gelöst ein, da dies den Säuregehalt im Urin mindert und die Schmerzen beim Wasserlassen lindert. Kamillentee reizt nicht und bringt ebenfalls Erleichterung.
2. In Apotheken sind rezeptfrei verschiedene Medikamente erhältlich, die den Säuregehalt im Urin mindern. Auch diese sollten mit viel Wasser eingenommen werden.
3. Zucker, Kaffee, Alkohol und scharfe Gewürze meiden.
4. Eine Wärmflasche lindert die Schmerzen im unteren Rükkenbereich.
5. Die folgenden Öle sind hilfreich: Lavendel, Kamille, Wacholder, Bergamotte oder Sandelholz. Sie können auf verschiedene Weise angewandt werden:

- ✧ Aromatische Bäder lindern das Brennen.
- ✧ Öl in eine kleine Schüssel mit warmem Wasser träufeln, einen Wattebausch darin tränken und die betroffene Stelle damit betupfen. Da die Haut in diesem Bereich besonders empfindlich ist, nur ein Prozent ätherisches Öl beigeben, da es sonst zu Reizungen kommen könnte.
- ✧ Heiße Umschläge mit ätherischen Ölen im unteren Rückenbereich wirken schmerzlindernd und beruhigend.

Bei Blut im Urin, akuten Rückenschmerzen und/oder Fieber sollten Sie unverzüglich zum Arzt gehen. Dieser wird Ihnen zwar höchstwahrscheinlich Antibiotika verordnen, um der Infektion Herr zu werden, doch Sie können zusätzlich mit ätherischen Ölen arbeiten, um sich Linderung zu verschaffen und den Heilungsprozeß zu beschleunigen.

Pilzerkrankungen

Pilzerkrankungen werden durch eine Infektion mit dem Candida-Pilz verursacht. So zum Beispiel die Soormykose, die vor allem im Vaginalbereich auftritt, sie kann aber auch – besonders bei Neugeborenen – den Mund befallen. Die Symptome sind eine frischkäseartige Ausscheidung sowie ein unangenehmes Jucken, manchmal begleitet von einem stechenden Schmerz beim Wasserlassen.

Pilzerkrankungen entstehen vor allem infolge von allgemeiner gesundheitlicher Angegriffenheit oder der Einnahme von Antibiotika. Da Antibiotika erwünschte und unerwünschte Bakterien gleichermaßen zerstören, kann es vorkommen, daß der bei allen Menschen im Darm vorkommende Candida-Pilz aufgrund einer Beeinträchtigung der Darmflora außer Kontrolle gerät, sich ausbreiten kann und eine Pilzinfektion verursacht. Streß begünstigt das Krankheitsbild, und viele der betroffenen Patientinnen geben an, in Phasen der Erschöpfung besonders anfällig zu sein.

Hat der Candida-Pilz erst einmal Fuß gefaßt, ist er sehr schwer zu beseitigen. Zudem kommt es durch die Infektion zu einer starken Schwächung des Organismus, und zwar nicht nur wegen der oben beschriebenen Symptome, denn auch zwischen den Krankheitsschüben fühlt man sich oft aufgedunsen oder ist ständig müde.

Behandlung

1. Ein Besuch beim Ernährungsberater kann sich als sehr hilfreich erweisen, denn dieser kann Ihnen nicht nur Vitamine und Mineralien zur Nahrungsergänzung empfehlen, um Ihren Organismus zu stärken, sondern Ihnen auch eine besondere Candida-Diät zusammenstellen. Diese ist etwa drei bis sechs Monate lang einzuhalten, um den Körper wieder ins Lot zu bringen und dem Organismus die Möglichkeit zur Regeneration zu geben.

2. Meiden Sie stärke- und zuckerhaltige oder fermentierte Nahrungsmittel sowie alles, was Hefe enthält.

3. Tragen Sie Unterwäsche aus Baumwolle und locker sitzende Kleidung.

4. Essen Sie Joghurt mit Lebendkulturen, denn die darin enthaltenen lebenden Bakterien wirken der Candida entgegen. Nehmen Sie alternativ hierzu Acidophilus-Tabletten oder Lactobacillus-Kapseln, die zur natürlichen Scheidenflora gehören und diese wiederherstellen, so daß sich die Gefahr einer Candida-Infektion verringert. Sie erhalten die Tabletten oder Kapseln in jeder Apotheke.

5. Verzichten Sie auf schäumende Badezusätze, weil diese die Haut reizen können, und verwenden Sie nur reine Naturseifen.

6. Mit folgenden Ölen lassen sich die Symptome lindern: Lavendel, Myrrhe, Teebaum, Bergamotte oder Sandelholz.

- ✧ Machen Sie täglich aromatische Voll- oder Sitzbäder/Spülungen mit sechs bis acht Tropfen von einem dieser Öle.
- ✧ Wie bei Blasenentzündung beschrieben, Wattebausch mit ätherischer Lösung tränken und lokal anwenden.
- ✧ Ein paar Tropfen eines der oben genannten Öle in Joghurt mit Lebendkulturen einrühren, einen Tampon darin eintauchen, in die Scheide einführen und eine halbe Stunde einwirken lassen.

- ✧ Nachdem Streß eine der Ursachen für Pilzerkrankungen ist, können regelmäßige aromatherapeutische Massagen zur Entspannung und Regeneration einen wertvollen Beitrag leisten und den Körper so weit stärken, daß er sich gegen die Infektion erfolgreich wehren kann.

Herpes

Herpes ist eine Virusinfektion, die sich in kleinen, bläschenartigen, brennenden oder juckenden Entzündungen nicht nur an den Lippen, sondern auch an den Genitalien äußert. Ätherische Öle sind ein effizientes Mittel, um das Brennen zu lindern und den Heilungsprozeß zu beschleunigen.

Behandlung

Teebaum, Lavendel, Eukalyptus, Zitrone oder Sandelholz sind folgendermaßen zu verwenden:

- ✧ In aromatischen Bädern.
- ✧ Betroffene Stellen mit einem in aromatisiertem, warmem Wasser getränkten Wattebausch abtupfen.
- ✧ Pur auf einen Wattebausch geben und die betroffene Stelle damit behandeln.
- ✧ Wie bei Pilzerkrankungen kommt auch Herpes verstärkt in Phasen von Erschöpfung und Streß zum Ausbruch. Begegnet man dem Streß, bevor er zum Problem wird, und hält man den Körper fit und gesund, hat man auch weniger mit Herpes zu tun. Mit einer regelmäßigen aromatherapeutischen Behandlung läßt sich der Streß so weit in den Griff bekommen, daß er sich nicht mehr physisch zu manifestieren braucht.

Prämenstruelles Syndrom und Periodenschmerzen

Die Menstruation kann mit folgenden unerwünschten Begleiterscheinungen einhergehen:

Prämenstruelles Syndrom:

Etwa eine Woche vor Einsetzen der Blutung neigen manche Frauen zu Reizbarkeit, Überempfindsamkeit, Depressionen, Stimmungsschwankungen, Verletzbarkeit oder mangelndem Selbstvertrauen. Die unten genannten ätherischen Öle können helfen, das Gleichgewicht wiederherzustellen. Sie können entweder in täglichen aromatischen Bädern in der Woche vor Einsetzen der Periode oder in einer entspannenden Massage bei Einsetzen der Symptome in den Tagen unmittelbar davor angewandt werden.

- Bei Reizbarkeit: Sandelholz, Rosenholz, Lavendel, Kamille
- Bei Depressionen: Ylang-Ylang, Muskatellersalbei, Bergamotte
- Bei Stimmungsschwankungen: Geranium, Sandelholz, Rosenholz
- Bei mangelndem Selbstwertgefühl: Jasmin
- Wenn man sich unattraktiv fühlt: Rose

Wasseransammlung im Gewebe:

An den Tagen vor der Periode fühlen sich viele Frauen aufgedunsen, weil der Körper zu viel Wasser speichert. Hier schaffen Öle mit harntreibender Wirkung Abhilfe. Sie können im Bad oder in der Massage angewandt werden (letztere ist besonders effizient, wenn sie am Tag vor dem normalen Auftreten der Symptome durchgeführt wird).

- Bei Wasseransammlung im Gewebe: Wacholder, Muskatellersalbei, Fenchel, Zypresse
- Gegen das Gefühl der Aufgedunsenheit: Wacholder, Rosmarin, Zypresse

Periodenschmerzen:

Diese treten in Form von Kreuzschmerzen, Bauchkrämpfen und Kopfschmerzen auf. Die Anwendung kann zwar auch im Bad oder durch Massagen erfolgen, doch bei Menstruationsbeschwerden wirken heiße Umschläge am besten. Dazu ein Tuch in heißes Wasser mit den geeigneten Ölen tauchen, auswringen, auf den Bauch oder das Kreuz legen und mit einem vorgewärmten Handtuch abdecken.

- Bei Kopfschmerzen: Pfefferminze, Lavendel
- Bei Krämpfen: Kamille, Lavendel, Muskatellersalbei, Majoran
- Bei Kreuzschmerzen: Kamille, Lavendel
- Bei starker Blutung: Zypresse, Rose oder Geranium normalisieren die Blutung, und Lavendel oder Kamille lindern die Schmerzen.
- Bei zu schwacher, unregelmäßiger Periode: Muskatellersalbei, Myrrhe, Salbei, Basilikum, Wacholder, Fenchel oder Rosmarin fördern den Blutfluß. Diese Öle sind natürlich zu meiden, wenn die Möglichkeit einer Schwangerschaft besteht.

Wechseljahre

Irgendwann zwischen Ende vierzig und Anfang fünfzig – wann genau ist bei jeder Frau unterschiedlich – bleibt auf einmal die Regel aus, und es beginnt ein neuer Lebensabschnitt. Ebenso, wie manche Frauen während der Menstruation keinerlei Beschwerden haben, erleben auch manche die Wechseljahre als völlig unproblematisch.

Andere hingegen empfinden diese Zeit als schwierig und klagen über Hitzewallungen, Stimmungsschwankungen, mangelndes Selbstwertgefühl, Schwindelgefühle, Schlaflosigkeit, Wasseransammlung im Gewebe, unregelmäßige oder zu schwache Periodenblutungen, Schweißausbrüche, Depressionen oder sexuelle Unlust.

Die Smyptome sind sehr ähnlich wie vor und während der Menstruation, und so werden für diese Zeit auch die gleichen ätherischen Öle empfohlen.

Sie werden im Bad oder in Basisöl verdünnt bei Körpermassagen angewandt.

- ✧ Bei Wasseransammlung im Gewebe und Aufgedunsenheit: Wacholder, Fenchel, Rosmarin
- ✧ Wenn man sich unattraktiv fühlt: Rose, Jasmin
- ✧ Zur Stärkung des Selbstvertrauens: Jasmin
- ✧ Zur Regulierung der Periode: Rose, Geranium, Zypresse
- ✧ Bei Abgeschlagenheit: Bergamotte, Rosmarin
- ✧ Bei Schlaflosigkeit: Majoran, Lavendel
- ✧ Bei sexueller Unlust: Jasmin, Muskatellersalbei, Rose, Sandelholz, Ylang-Ylang
- ✧ Zur Beruhigung: Kamille, Neroli
- ✧ Für mehr Ausgeglichenheit: Geranium
- ✧ Bei Schwindelgefühl: Pfefferminze
- ✧ Bei mangelnder Konzentration: Basilikum, Pfefferminze
- ✧ Gegen Hitzewallungen: Geranium, Kamille
- ✧ Gegen Alterungserscheinungen, trockene Haut: Weihrauch, Neroli, Rose, Sandelholz, Myrrhe, Patchouli

Schwangerschaft

Auch während der Schwangerschaft können ätherische Öle von Nutzen sein, und für jede Phase gibt es unterschiedliche Öle. Dabei muß jedoch unbedingt bedacht werden, daß manche Öle während der Schwangerschaft zu meiden sind, da sie entweder zu stark, zu anregend oder gar menstruationsfördernd wirken und unerwünschte Reaktionen auslösen könnten. Prägen Sie sich also ein, welche Öle das sind, und verzichten Sie während der neun Monate auf ihre Anwendung.

Während der Schwangerschaft generell zu meiden sind:
Anissamen, Arnika, Basilikum, Kampfer, Nelke, Zypresse, Zimt, Fenchel, Ysop, Wacholder, Majoran, Myrrhe, Salbei, Pfefferminze, Rosmarin, Myrrhe, Bohnenkraut, Estragon, Thymian, Muskatnuß, Oregano.

In den ersten Schwangerschaftsmonaten Vorsicht mit:
Pfefferminze, Muskatellersalbei, Rose, Jasmin, Kamille.

Während der Schwangerschaftsmonate

Gerade die Schwangerschaft ist eine Zeit, in der die Aromatherapie psychisch wie physisch Enormes leisten kann. Die meisten Therapeuten sind speziell für den Umgang mit Schwangeren geschult, und regelmäßige Behandlungen können in mehrerlei Hinsicht hilfreich sein:

- ✧ Abbau der körperlichen Verspannungen, die sich im Nacken und Kreuz manifestieren können.
- ✧ Unterstützung des Kreislaufs und des Lymphsystems.
- ✧ Gefühl des Verwöhntwerdens und der Entspannung.
- ✧ Harmonisierung von Emotionen, die angesichts der bevorstehenden revolutionären Veränderung der Lebensumstände stark schwankend sein können.
- ✧ Linderung von Ödemen (geschwollene Beine oder Knöchel).

Ein Aromatherapeut kann Ihnen die Öle empfehlen, die in Ihrem besonderen Fall am geeignetsten sind. Jede Frau reagiert anders, und so gibt es kein allgemeingültiges »Schwangerschaftsrezept«.

Die ätherischen Öle, deren Anwendung während der Schwangerschaft unbedenklich ist, sind in der Regel vom Duft her eher mild, und so können sie gerade in einer Zeit, in der –

vor allem chemische oder synthetische – Gerüche oft Übelkeit auslösen, ausgesprochen hilfreich sein.

Für aromatische Bäder oder sanfte Massagen:

- ✧ Bergamotte – stimmungshebend.
- ✧ Kamille (nach Ablauf der ersten drei Monate) – gut bei Rückenschmerzen, Muskelkrämpfen und zur Beruhigung.
- ✧ Muskatellersalbei (bei der Geburt) – kann zur Anregung und Unterstützung der Wehentätigkeit verwendet werden.
- ✧ Geranium – ausgleichend; lindert das Spannungsgefühl in den Brüsten.
- ✧ Jasmin (nach Ablauf der ersten vier Monate) – stimmungshebend; wirkt harmonisierend bei Stimmungsschwankungen und ausgleichend bei postnatalen Depressionen.
- ✧ Lavendel – gut bei Kopf- und Rückenschmerzen, nervenberuhigend, blutdrucksenkend.
- ✧ Zitrone – erfrischendes Tonikum für das Nervensystem.
- ✧ Mandarine – gut gegen Schwangerschaftsstreifen.
- ✧ Neroli – gut gegen Schwangerschaftsstreifen, nervenberuhigend.
- ✧ Orange – gut bei Verstopfung und Magenverstimmungen.
- ✧ Patchouli – gutes Hautpflegemittel bei trockener Haut, sehr entspannend.
- ✧ Rose (nach Ablauf der ersten vier Monate) – gut bei trockener Haut, beruhigend; eine Anwendung während der Geburt ist besonders empfehlenswert.
- ✧ Sandelholz – antiseptisch, entspannend, gut bei Infektionen der Harnwege.
- ✧ Rosenholz – gutes Hautpflegemittel, beruhigend und entspannend; zarter Duft.
- ✧ Teebaum – gut bei Infektionen der Harnwege, regt Heilungsprozesse an.
- ✧ Ylang-Ylang – blutdrucksenkend und streßmindernd.

Schwangerschaftsstreifen:

Um das Auftreten von Schwangerschaftsstreifen zu vermeiden, sollten Sie bereits ganz am Anfang der Schwangerschaft vorbeugende Maßnahmen ergreifen. Ein leichtes Basisöl wie Aprikosenkernöl mit ätherischem Mandarinenöl kann hier wahre Wunder bewirken. Ein Mischungsverhältnis von 5 Prozent ätherischem Öl auf 95 Prozent Basisöl ist völlig ausreichend. Jeden Abend auftragen.

Wehen:

Viele Frauen empfinden während der Geburt den Duft ätherischer Öle als ausgesprochen beruhigend, besonders wenn die Geburt weit weg von zu Hause im Krankenhaus erfolgt. Ein paar Tropfen direkt auf den Heizkörper oder, für eine länger anhaltende Wirkung, auf ein feuchtes Tuch geträufelt und dann auf den Heizkörper gelegt, verbreiten einen wunderbaren Duft im Raum. Wenn die Heizung im Sommer kalt bleibt, lohnt sich die Anschaffung einer Duftlampe (überall dort erhältlich, wo es ätherische Öle gibt). Besorgen Sie sie rechtzeitig, und legen Sie sie mit in Ihren Entbindungskoffer. Folgende Öle sind geeignet:

✧ Eukalyptus – reinigt die Luft und unterstützt die Atmung.
✧ Neroli – ist sehr beruhigend und wirkt wie Balsam auf die Seele.
✧ Lavendel – ebenfalls reinigend; bringt mit seinem Duft Leichtigkeit in den Raum.

Während der Wehen und der Geburt:

✧ Muskatellersalbei – macht euphorisch.
✧ Rose – entspannt die Gebärmutter.
✧ Jasmin – unterstützt die Wehentätigkeit.
✧ Neroli – wirkt beruhigend.
✧ Muskatnuß – bereitet die Muskulatur auf die Wehen vor.
✧ Lavendel – entspannt.

Die genannten ätherischen Öle können in Basisöl verdünnt und während der Wehen sanft im unteren Rückenbereich einmassiert werden. Manche Frauen empfinden Berührungen während der Wehen als unangenehm; in diesem Fall empfehlen sich warme Umschläge im Bauch- oder Kreuzbereich.

Für die Brüste:

Fenchelöl unterstützt den Milchfluß. Es sollte in Basisöl verdünnt unmittelbar vor und nach der Geburt aufgetragen werden, um das Einschießen der Milch zu fördern und möglichst schmerzlos zu gestalten.

Geraniumöl hilft bei geschwollenen Brüsten. Es kann entweder mit Basisöl verdünnt und ganz sanft einmassiert werden oder mit einer kühlenden Kompresse aufgetragen werden, um der Schwellung entgegenzuwirken.

Bei wunden oder eingerissenen Brustwarzen ein paar Tropfen Rosen- und Kamillenöl in zwei Teelöffeln Mandelöl verdünnt auftragen. Das macht die Haut wieder geschmeidig. Wichtig: Vor dem nächsten Stillen Brustwarzen unbedingt mit einer parfumfreien Reinigungsemulsion reinigen.

Nach der Geburt

Wie Schwangerschaft und Geburt wird auch die postnatale Phase von jeder Frau anders erlebt. Während sich die einen euphorisch fühlen, versinken andere in tiefe und andauernde Depressionen. Fast alle Frauen jedoch sind von der Geburt erst einmal erschöpft.

Dies ist eine sowohl in emotionaler als auch in körperlicher Hinsicht anstrengende Zeit, denn der Körper muß sich erst wieder darauf einstellen, nicht mehr schwanger zu sein. – Ganz zu schweigen von den vielen durchwachten Nächten und der Gewöhnung an nächtliche Still- oder Fütterungszeiten, bei denen die Mutter todmüde, das Baby aber hellwach ist.

Gerade in dieser Zeit, in der die Mutter dringend auf Phasen der Regeneration und Entspannung angewiesen ist, sollte die aromatherapeutische Behandlung nach Möglichkeit fortgeführt werden.

Massagen oder aromatische Bäder:

✧ Um sich besser aufraffen zu können – Rosmarin/Bergamotte
✧ Zur Heilung – Rose/Kamille
✧ Zur Unterstützung des Schlafs – Lavendel/Majoran
✧ Zur Unterstützung des Milchflusses – Fenchel
✧ Gegen Depressionen – Jasmin, Bergamotte

10
Die sinnliche Seite der Aromatherapie

Neben ihrem rein medizinischen und therapeutischen Nutzen können ätherische Öle auch dazu verwendet werden, der sinnlichen und sexuellen Seite des Lebens eine neue Note zu geben. Wir leben in einer Zeit, in der laut Statistik eine von drei Ehen in der Scheidung endet und es bei einem Durchschnittspaar dreimal in der Woche zu intimem Kontakt kommt. Zwischen diesen beiden »Eckwerten« lauert so viel Druck, alles »auf die Reihe zu kriegen«, daß selbst die beste Partnerschaft darunter zerbrechen kann. Was, wenn man weniger oft miteinander schläft? Ist dann die Scheidung etwa schon vorprogrammiert? Manche ätherischen Öle haben zwar unbestritten aphrodisierende Eigenschaften, doch es geht keineswegs darum, mal hier und mal dort ein paar Tröpfchen beizumischen, damit alles ins Lot kommt (was immer man darunter auch verstehen mag). In der Aromatherapie werden die Dinge immer ganzheitlich betrachtet. Es gibt viele Faktoren, die im Liebesleben eines Menschen eine Rolle spielen und die allesamt miteinzubeziehen sind. Dann kann eine unterstützende Behandlung mit ätherischen Ölen wertvolle Dienste leisten.

Streß

Streß ist eine der Hauptursachen für Libidostörungen. Sorgen im Beruf oder über die Finanzen und Unsicherheiten aller Art fordern ihren Tribut und können am Ende zu einem Dämpfer werden, der jede sexuelle Lust im Keime erstickt. Dies gilt besonders dann, wenn die Anspannung selbst in der Freizeit kaum noch abzuschütteln ist.

Das beste Mittel, der Unlust entgegenzuwirken, ist in diesem Fall, das Problem bei der Wurzel zu packen und den Streß abzubauen. Und die Aromatherapie ist eine der wirksamsten Möglichkeiten, um dies zu erreichen. Wer körperlich und geistig entspannter ist, wird seine Probleme zwar nicht zum Verschwinden bringen, kann aber viel besser mit ihnen umgehen.

Hat man erst einmal zu einer anderen Sicht der Dinge gefunden, fällt es einem leichter, die blockierten, tieferen Gefühle an die Oberfläche dringen zu lassen – und mit ihnen taucht auch die sexuelle Lust wieder auf. Bei Streß helfen vor allem Lavendel, Neroli, Sandelholz und Bergamotte (siehe auch Kapitel 6 über die Behandlung von Streß). Majoran ist zwar hilfreich bei Streß, wirkt aber anti-aphrodisierend und sollte folglich in diesem Zusammenhang nicht verwendet werden.

Mangelndes Selbstvertrauen

Aus den Zeitschriften lachen uns überall wohlgestaltete weibliche und männliche Fotomodelle entgegen. Wen mag es da wundern, daß sich viele im Vergleich dazu unattraktiv fühlen. Wir finden uns zu dick, zu häßlich, zu klein, zu groß – wir mögen unseren eigenen Körper nicht und wollen ihn deshalb auch nicht gerne zeigen. Dieser verkrampfte Umgang mit dem Körper macht uns genauso verkrampft in der Liebe. In dieser Situation helfen all die Öle, die stimmungshebend sind und das

Gefühl des Wohlbefindens und der inneren Schönheit stärken. Sie sollten vorzugsweise ganz zu Beginn einer neuen Beziehung entweder im Bad oder bei einer nicht-sexuellen Massage angewandt werden.

Wenn jemand nicht an körperlichen Kontakt gewöhnt ist, stellt eine sanfte nicht-sexuelle Massage eine gute Möglichkeit dar, einander kennenzulernen und sich an die Berührungen des anderen zu gewöhnen. Gerade Männer unterliegen oft einem unausgesprochenen Druck, ein guter, »leistungsfähiger« Liebhaber sein zu müssen. Sich bei einer sanften Massage zu entspannen, ohne daß sexuelle Erwartungen damit verknüpft werden, kann viel von diesem Druck nehmen.

Öle:

- Ylang-Ylang – stimmungshebend; verbreitet ein Gefühl von Sanftheit und Fülle.
- Jasmin – verleiht ein Gefühl von Glück und Selbstvertrauen.
- Rose – verbreitet Leichtigkeit und unterstreicht die Weiblichkeit.
- Sandelholz – entspannend.
- Bergamotte – stimmungshebend und beschwingend.

Übermüdung

Auch Übermüdung steht ganz oben auf der Liste der Lustkiller. In diesem Fall sind vor allem solche Öle empfehlenswert, die anregen und die Lebensgeister wecken. Probieren Sie eine der folgenden Kombinationen:

- schwarzer Pfeffer, Zitrone und Sandelholz
- Ingwer, Bergamotte und Sandelholz
- Jasmin, Zitrone und schwarzer Pfeffer
- Ylang-Ylang, schwarzer Pfeffer und Ingwer

Gesundheit

Eine gesunde Libido ist ein Zeichen für gute Gesundheit. Wenn Sie viel Streß haben und dadurch gesundheitlich angegriffen sind, beeinträchtigt dies Ihren Sexualtrieb. Eine Nahrungsumstellung, ein Stärkungsmittel mit Vitaminen und Mineralien, ein freies Wochenende, frische Luft und ein vernünftiges Maß an Bewegung tragen dazu bei, die sexuelle Lust wieder zu erwecken. In diesem Fall sind alle stärkenden, erfrischenden und belebenden Öle hilfreich.

Öle:

Versuchen Sie es mit folgenden Kombinationen für Bäder oder Massagen:

✧ Zimt, Zitrone, Ingwer

✧ Rosmarin, Bergamotte, Sandelholz

✧ Bergamotte, schwarzer Pfeffer, Zedernholz

Mangelnde Bewegung

Mangelnde Bewegung kann zu sexueller Triebminderung und genereller Lustlosigkeit führen. Ein sanftes Übungsprogramm in Kombination mit stimulierenden Ölen kann den Organismus beleben und ihm Wohlbefinden und eine gesunde Libido schenken.

Öle:

Pfefferminze, Bergamotte, Zitrone, Ingwer und Rosmarin sind erfrischend und belebend.

Mangelnde Kommunikation

Dies ist die vielleicht häufigste Ursache für das Scheitern von Beziehungen. Wenn die Kommunikation zwischen zwei Menschen aufgrund von kleineren Mißverständnissen gestört ist und diese Mißverständnisse nicht ausgeräumt werden, gehen mit der Zeit die Gefühle füreinander verloren bzw. werden nicht mehr wahrgenommen, weil sie verschüttet sind. Besonders Frauen haben Schwierigkeiten, sich ihrem Partner zu nähern, wenn kleine Unstimmigkeiten ungeklärt bleiben. Sexualität beinhaltet, sich dem Partner gegenüber offen und verletzlich zu zeigen, und dies ist leichter möglich, wenn Klarheit zwischen den Partnern herrscht.

Massagen mit ätherischen Ölen können ein erster Schritt sein, um hier Abhilfe zu schaffen. Durch den physischen Kontakt und die gleichzeitige Entspannung – selbst wenn die Massage nicht sexueller Natur ist – gelingt es manchmal, tiefere Gefühle an die Oberfläche dringen zu lassen und die Bereitschaft zur verbalen Kommunikation zu stärken. Ist diese erst wiederhergestellt, wird auch die sexuelle Annäherung wieder möglich.

Öle:

- ✧ Muskatellersalbei – hebt die Stimmung und zerstreut Ärgerlichkeit.
- ✧ Weihrauch – öffnet das Herz und fördert die Kommunikation.
- ✧ Neroli – kann angespannte Situationen auflösen.
- ✧ Sandelholz – wirkt entspannend und löst Gefühle der Verbitterung auf.
- ✧ Rose – kann einen »Knacks« heilen.
- ✧ Geranium – hilft, das Gleichgewicht wiederherzustellen.
- ✧ Rosenholz – schafft Vertrauen.

Die Kluft überbrücken

Selbst wenn es zwischen den Partnern stimmt, stellt der Alltag mit all seinen Anforderungen oft eine echte Belastungsprobe dar. Verspätungen auf dem Nachhauseweg, Kinder, die nicht schlafen wollen und allzu große Ansprüche anmelden – all dies sind Dinge, die einen Menschen nicht gerade in die richtige Stimmung für Sex bringen.

Die aphrodisierenden Öle können helfen, die Kluft zu überbrücken, die sich auftut zwischen unserer äußeren Fassade als ein Mensch, der sich mit den Schwierigkeiten des Alltags auseinandersetzen muß, und unserer privaten Seite, die uns frei und bereit für Annäherungen und intime Kontakte sein läßt.

Aphrodisierende Öle tragen auf dreifache Weise dazu bei, eine sinnliche Stimmung zu erzeugen:

1. Als Stimmungsverbesserer: Der Duft aphrodisierender Öle schafft das richtige Ambiente. Wir alle sind empfindsam für die Eindrücke der fünf Sinne – sehen, hören, fühlen, schmecken und riechen –, und sie alle sollten im Rahmen unserer sinnlichen Erfahrung angesprochen werden. Leider wird der Geruchssinn jedoch oftmals stiefmütterlich behandelt oder gar völlig vernachlässigt. Ätherische Öle mit ihrem betörenden Duft können diese Lücke schließen. Zur Aromatisierung von Räumen können Sie entweder eine handelsübliche Duftlampe verwenden oder die Öle auf dem Heizkörper verdunsten (siehe Kapitel 3). Probieren Sie es aus:

- Jasmin oder Sandelholz als Einzelduft
- Ylang-Ylang und Patchouli wegen seines exotischen Duftes
- Rose und Rosenholz wegen seines zarten, warmen Duftes
- Zimt, Orange und Weihrauch wegen ihres würzigen Aromas
- Bergamotte, Orange und Rosenholz wegen ihres warmen, behaglichen Duftes

2. Ein aromatisches Bad mit Ylang-Ylang, Muskatellersalbei, Rose, Jasmin, Sandelholz oder Patchouli hilft, die Last des Alltags abzuschütteln und sich in eine genüßlich-entspannte Stimmung hineingleiten zu lassen.

3. In Basisöl verdünnt zur Massage. Geeignet sind alle aphrodisierenden Öle wie Ylang-Ylang, Muskatellersalbei, Rose, Jasmin, Sandelholz und Patchouli – entweder allein oder in Kombination mit einem der folgenden wärmenden und anregenden Aromen: schwarzer Pfeffer, Zimt, Koriander, Kardamom oder Ingwer.

Zum Beispiel:

- ✧ Jasmin und Ingwer
- ✧ Schwarzer Pfeffer, Jasmin und Sandelholz
- ✧ Rose und Muskatellersalbei
- ✧ Rose und Zimt
- ✧ Ylang-Ylang und schwarzer Pfeffer
- ✧ Koriander, schwarzer Pfeffer und Ylang-Ylang

Hinweis:
Ätherische Öle niemals im Intimbereich auftragen, da dies ein Brennen verursachen könnte!

11
Erfolgsrezepte: Ölmischungen

Das Zusammenstellen angenehm duftender oder heilkräftiger Ölmischungen ist eine Fertigkeit, die sich mit der Zeit durch das Experimentieren und Sichvertrautmachen mit den verschiedenen Einzeldüften einstellt. Der erfahrene Aromatherapeut hat in monate- oder jahrelanger Arbeit mit den Ölen schließlich seine ganz besonderen Lieblingsaromen gefunden. Für den Außenstehenden kann dies verwirrend sein, denn liest man in verschiedenen Büchern über Aromatherapie nach oder befragt mehrere Therapeuten nach dem richtigen Öl für die eine oder andere Anwendung, fallen die Antworten oft ganz unterschiedlich und damit widersprüchlich aus. Es ist jedoch nicht so, daß die eine Kombination besser oder richtiger oder gar völlig falsch ist und für oder gegen die Kompetenz eines Therapeuten spricht. Ätherische Öle sind generell vielseitig in der Anwendung, und so gibt es eine derart breite Auswahl für ein und dasselbe Symptom, daß jeder Aromatherapeut sein Rezept nach seinen ganz persönlichen Erfahrungen und Vorlieben zusammenstellt. Ausschlaggebend für die Auswahl sind dabei folgende Kriterien:

- Der Geruch.
- Die Ansicht, daß manche Öle in der einen oder anderen Kombination den größten therapeutischen Nutzen bringen.
- Eine spezielle Kombination wird den Bedürfnissen des Klienten in besonderem Maße gerecht.

Das Kombinieren von Düften verschiedener Duftfamilien – zum Beispiel eines mentholartigen mit einem blumigen oder eines krautigen mit einem zitrusartigen oder holzigen Duft – ist eine richtige Kunst und für den Anfänger eine schwierige Aufgabe. In der Praxis erweist es sich oftmals als problematisch, und das Ergebnis riecht dann entsprechend merkwürdig. Es gibt jedoch ein paar einfache Regeln zur Zusammenstellung gelungener, angenehm duftender Aromen, und wenn Sie sich daran halten, ist der Erfolg so gut wie garantiert.

Die drei Duftnoten

Parfumhersteller unterscheiden zwischen drei verschiedenen Duftarten oder -noten, die in der richtigen Kombination – je ein Öl der oberen, mittleren und der Basisnote – ein ansprechendes, ausgewogenes Parfum ergeben.

1. Die obere Note. Dies ist der Duft, der für gewöhnlich als erstes heraussticht. Er ist am flüchtigsten und hält am kürzesten an. Er ist relativ intensiv und entweder sehr scharf oder sehr süß. Beispiele: Zitrone, Bergamotte.

2. Die mittlere Note. Wie der Name schon sagt, haben wir es hier mit einem Duft zu tun, der weder zu leicht noch zu schwer ist. Er deckt den mittleren Bereich ab und wird gleich nach dem Duft der oberen Note wahrgenommen. Beispiele: Lavendel, schwarzer Pfeffer.

3. Die Basisnote. Dies ist das schwere Aroma, das normalerweise am längsten anhält. Dies ist der am wenigsten flüchtige Duft, der die Nase zuletzt erreicht und noch zu riechen ist, wenn die beiden anderen Düfte schon längst verflogen sind. Beispiele: Zedernholz, Patchouli. Die Basisnote dient auch zur »Fixierung« der anderen Duftnoten, denn es reduziert deren Flüchtigkeit und verleiht dem Gedamtduft größeres Standvermögen.

Aus der Kombination aller drei Duftnoten ergibt sich ein Duft, der weder zu schwer, noch zu scharf ist, sondern sich in dem Maße Schicht für Schicht offenbart, wie die einzelnen Noten die Nase erreichen. Doch es sei darauf hingewiesen, daß Sie sich beim Mischen von Düften nicht immer streng an diese Regel halten müssen. Manchmal brauchen Sie bestimmte Öle mehr als andere und fühlen sich instinktiv zu ihnen hingezogen. Wer zum Beispiel an Grippe erkrankt ist, empfindet mentholartige Düfte als angenehm, obgleich die meisten davon Vertreter der oberen Note sind. Und wenngleich eine Kombination von drei Düften der oberen Note nicht unbedingt ein ausgewogenes Parfum ergeben, ist der scharfe, intensive Geruch in diesem Fall genau das richtige, um trotz verstopfter Nase und blockierten Nebenhöhlen wahrgenommen zu werden. Ist eine Woche später die Gesundheit wiederhergestellt, empfindet man die gleichen Öle womöglich als allzu scharf, denn nun braucht man kein so intensives Aroma mehr.

Die Zuordnung der einzelnen Öle können Sie der nachstehenden Übersicht entnehmen:

ÄTHERISCHES ÖL	DUFTNOTE	DUFTART
Angelika	Basis	krautig
Anissamen	obere	krautig
Basilikum	obere	krautig
Bay	obere	menthol
Benzoe	Basis	holzig
Bergamotte	obere	zitrus
Cajeput	obere	menthol
Citronella	obere	krautig
Estragon	obere	krautig
Eukalyptus	obere	menthol
Fenchel	mittlere	krautig
Geranium	mittlere	blumig
Grapefruit	obere	zitrus
Ingwer	mittlere	würzig
Jasmin	mittlere	blumig

ÄTHERISCHES ÖL	DUFTNOTE	DUFTART
Kamille	mittlere	blumig/krautig
Kampfer	Basis	menthol
Kardamom	obere	würzig
Karottensamen	mittlere	würzig
Kiefer	mittlere	holzig
Knoblauch	mittlere	krautig
Koriander	obere	krautig
Kreuzkümmel	obere	würzig
Kümmel	obere	krautig
Lavendel	mittlere	blumig
Lemongrass	obere	krautig
Limone	obere	zitrus
Majoran	mittlere	krautig
Mandarine	obere	zitrus
Melisse	mittlere	blumig/krautig
Muskatellersalbei	mittlere	krautig
Muskatnuß	obere	würzig
Myrrhe	Basis	harzig
Nelke	Basis	würzig
Neroli	mittlere	blumig
Niaouli	obere	menthol
Orange	obere	zitrus
Oregano	mittlere	krautig
Palmarosa	obere	krautig
Patchouli	Basis	holzig
Petersilie	mittlere	krautig
Petitgrain	mittlere	holzig/blumig
Pfeffer, schwarz	mittlere	würzig
Pfefferminze	obere	menthol
Rose	mittlere	blumig
Rosenholz	mittlere	holzig
Rosmarin	mittlere	krautig
Salbei	obere	krautig
Sandelholz	Basis	holzig
Sellerie	mittlere	krautig
Spearmint	obere	menthol
Teebaum	obere	desinfizierend
Thymian	obere	krautig
Eisenkraut	obere	krautig
Vetiver	Basis	holzig

ÄTHERISCHES ÖL	DUFTNOTE	DUFTART
Wacholder	mittlere	krautig
Weihrauch	Basis	harzig
Ylang-Ylang	mittlere	blumig
Ysop	mittlere	krautig
Zedernholz	Basis	holzig
Zimt	Basis	würzig
Zitrone	obere	zitrus
Zypresse	Basis/mittlere	holzig

Diese Aufstellung soll Ihnen lediglich als Leitlinie bei der Auswahl der Öle helfen. Beim Lesen verschiedener Bücher über Aromatherapie werden Sie feststellen, daß hinsichtlich der Zuordnung mancher Öle zu den jeweiligen Duftnoten Uneinigkeit herrscht. Und es gibt in der Tat Grenzfälle, bei denen Sie sich am besten von Ihrem eigenen Geruchsempfinden leiten lassen sollten.

Hinweis:

✧ Wenn Sie die ausgewählten Öle zur Massage verwenden möchten, vergessen Sie bitte nicht, sie – wie in Kapitel 3 beschrieben – mit Basisöl zu verdünnen!

Tips für das Mischen von ätherischen Ölen

✧ Zitrone und Lavendel sind »Retter in der Not« bei mißglückten Aromen. Beide sind geeignet, einen allzu markanten und schweren oder allzu leichten und scharfen Duft auszugleichen.

✧ Öle aus derselben Duftfamilie ergeben ein harmonisches Gesamtaroma. So sind alle blumigen Düfte wie Rose, Geranium und Jasmin; alle krautigen Düfte wie Basilikum, Rosmarin und Majoran; alle würzigen Düfte wie Zimt, Ingwer und schwarzer Pfeffer sowie alle holzigen Düfte wie Rosen- und Sandelholz untereinander verträglich.

✧ Würzige und Zitrusdüfte vertragen sich gut miteinander,

zum Beispiel: Ingwer und Zitrone, Zimt und Orange, schwarzer Pfeffer und Limone.

- ✧ Auch holzige und Zitrusdüfte können gut gemischt werden, zum Beispiel: Rosenholz und Bergamotte, Zedernholz und Limone.
- ✧ Bestimmte Öle dominieren in Duftmischungen. Hierzu gehören Pfefferminze, Fenchel, Teebaum, Nelke, Thymian, Patchouli und Kamille. Zumindest die beiden letzteren lassen sich ganz einfach mit Zitrone mildern.
- ✧ Die mentolartigen und blumigen Düfte ergeben in der Kombination in der Regel keine angenehme Mischung. So ist beispielsweise die Kombination von Pfefferminze und Geranium, Eukalyptus und Orange, Cajeput und Ylang-Ylang zumindest nach meinem Geruchsempfinden wenig ansprechend.
- ✧ Ätherische Öle müssen nicht unbedingt kombiniert werden, um gut zu riechen. Viele haben für sich allein einen ausgesprochen angenehmen Duft. So sind zum Beispiel Jasmin, Rose, Neroli, Orange, Rosenholz und Ylang-Ylang gut als Einzelöle verwendbar.
- ✧ Sie müssen sich bei Ihren Mischungen nicht unbedingt auf drei Öle beschränken. Wenn Sie aber mehr als drei Öle mischen, sollten Sie die einzelnen Düfte gut kennen, um »Duftkatastrophen« zu vermeiden. Andererseits müssen es auch nicht unbedingt drei Öle sein – manchmal genügen zwei für einen angenehmen Duft.

Mit zunehmender Übung werden Sie Ihre eigenen Mischungen und Vorlieben herausfinden. Wie bei der Koch- und Malkunst hat auch hier ein jeder seinen ganz persönlichen Stil. Ein weiterer positiver Aspekt der Aromatherapie liegt in der Möglichkeit, eigene Vorlieben miteinfließen zu lassen und je nach Stimmung, Notwendigkeit oder Umständen die dem individuellen Geschmack entsprechenden Öle zu wählen.

Für den Anfang möchte ich Ihnen dennoch einige Beispiele an die Hand geben. Wie Sie sehen, entsprechen manche Mischungen der Drei-Noten-Regel (je ein Öl der oberen, mittleren und Basisnote), während andere frei zusammengestellt wurden.

Bei Ängsten

Neroli, Petitgrain, Sandelholz

Zur Anregung

Grapefruit, Rosmarin, Ingwer
Limone, schwarzer Pfeffer, Ingwer

Als Aphrodisiakum

Ylang-Ylang, schwarzer Pfeffer, Sandelholz
Jasmin, Zitrone, Sandelholz
Jasmin, Muskatellersalbei, Sandelholz
Rose, Ylang-Ylang, Sandelholz

Bei Depressionen

Jasmin, Zitrone, Sandelholz
Ylang-Ylang, Bergamotte, Rosenholz

Zur Entspannung

Rose, Lavendel, Sandelholz
Geranium, Zitrone, Rosenholz
Neroli, Petitgrain, Sandelholz

Bei Erschöpfung

Bergamotte, Rosmarin, Ingwer
Koriander, Zitrone, schwarzer Pfeffer
Wacholder, Limone, Rosmarin

Bei Grippe

Basilikum, Eukalyptus, Majoran
Pfefferminze, Rosmarin, Eukalyptus

Gegen Jetlag

Bergamotte, Rosmarin, Sandelholz

Gegen Kater

Wacholder, Zitrone, Rosmarin
Bergamotte, Wacholder, Basilikum
Rosmarin, Fenchel, Zitrone

Bei Muskelschmerzen

Rosmarin, Wacholder, Ingwer

Zur Rekonvaleszenz

Zimt, Zitrone, Ingwer

Bei Schlaflosigkeit

Majoran, Petitgrain, Rosenholz
Lavendel, Muskatellersalbei, Sandelholz
Neroli, Lavendel, Benzoe
Rosmarin, Petitgrain, Lavendel

Zellulitis

Wacholder, schwarzer Pfeffer, Zypresse

Sommerdüfte zur Erfrischung und Kühlung der Luft

Bergamotte und Rosmarin
Pfefferminze und Basilikum
Lemongrass und Rosmarin
Limone, Grapefruit, Rosmarin

Als Weihnachtsduft und für eine gemütliche Atmosphäre

Weihrauch, Zitrone, Myrrhe
Zimt, Orange, Nelke, Sandelholz
Zimt, Mandarine, Muskatnuß, Sandelholz

Nur um des Duftes willen

Herrendüfte:
Limone, Lavendel, Zedernholz
Weihrauch, Zitrone, Vetiver
Neroli, Zitrone, Sandelholz

Damendüfte:
Rose, Zitrone, Sandelholz
Petitgrain, Zitrone, Rosenholz
Ylang-Ylang, Zitrone, Sandelholz
Zimt, Zitrone, Sandelholz

Potpourris

Rose, Weihrauch, Rosenholz
Weihrauch, Orange, Sandelholz
Lemongrass, Rosmarin, Sandelholz
Jasmin, Weihrauch, Sandelholz
Zedernholz, Orange, Zypresse
Kiefer, Rosmarin, Sandelholz
Neroli, Rosenholz, Zitrone
Zimt, Nelke, Muskatnuß, Orange

Anhang

Die Öle und ihre Anwendungsmöglichkeiten

Ätherisches Öl	Verwendungszweck
Angelika Angelica archangelica	Husten, Erkältung, Verdauungsstörungen, Fieber
Anissamen Pimpinella anisum	Husten, Schnupfen, Bronchitis, Verdauungsstörungen, Kreislauf
Basilikum Ocimum basilicum	Geistige Erschöpfung, Bronchitis, Migräne, Gicht, Erkältung, Konzentrationsmangel, Asthma, Ohnmachten
Bay Pimenta racemosa	Erkältung, Grippe, Rheuma, Nebenhöhlenentzündung
Benzoe Styrax benzoin	Husten, Erkältung, Arthritis, als Schlafmittel, bei Verdauungsbeschwerden
Bergamotte Citrus bergamina	Akne, Hautprobleme, Herpes, Anspannung, Depression, Streß, Fieber, Blasenentzündung
Birke Betula lenta	Geschwüre, Rheuma, Gicht
Cajeput Melaleuca cajeput	Grippe, Erkältung, Bronchitis, Atembeschwerden, Akne, Schuppenflechte, Blasenentzündung
Citronella Cymbopogon nardus	Zur Anregung und Insektenabwehr
Dill Anethum graveolens	Verdauungsstörungen, Verstopfung
Eisenkraut Lippia citriodora	als Stärkungsmittel, bei Verdauungsstörungen und asthmatischem Husten
Elemi Canarium luzonicum	Erkältung, Geschwüre, Wunden, Lungenstauung
Estragon Artemisia dracunculus	als harntreibendes Mittel, bei Wunden, Rheuma, Arthritis, Verstopfung, Periodenschmerzen

Ätherisches Öl	Verwendungszweck
Eukalyptus Eucalyptus globulus/ citriodora	Husten, Bronchitis, Halsschmerzen, Nebenhöhlenentzündung, Rheuma, Hautentzündungen, Virusinfektionen, Migräne, Herpes, zur Insektenabwehr, bei muskulären Verspannungen
Fenchel Foeniculum vulgare	Verdauungsprobleme, Verstopfung, als harntreibendes Mittel, Wechseljahrbeschwerden, Blähungen, Nierensteine, in der postnatalen Phase (fördert den Milchfluß)
Galbanum Ferula galbaniflua	Bronchitis, Entzündungen, fördert die Wundheilung
Geranium Perlargonium graveolens	Depressionen, Neuralgien, Menstruationsbeschwerden, Ekzeme, Kreislaufstörungen, Frostbeulen, Brustdrüsenentzündung, zur Insektenabwehr
Grapefruit Citrus paradisi	als Stärkungsmittel, bei Depressionen, Leber- und Nierenproblemen
Ingwer Zingiber officinale	Erkältung, Übelkeit, Verdauungsstörungen, Rheuma, Muskelschmerzen, Zerrungen, Appetitlosigkeit, Blähungen, in der Rekonvaleszenz
Jasmin Jasminum officinale/ graniflorum	Depressionen, Streß, Menstruationsbeschwerden, Hautpflege (bei trockener Haut), postnatale Depressionen
Kamille, echt/blau Matricaria chamomilla	Angstzustände, Menstruationsbeschwerden, Verdauungs-/Magenstörungen, Entzündungen
Kamille, römisch Anthemis nobilis	Migräne, Akne, Entzündungen, Schlaflosigkeit, Menstruationsbeschwerden, Nervenschwäche, Streß
Kampfer Cinnamomum camphora	Husten, Erkältung, Fieber, Rheuma, Arthritis
Kardamom Elettaria cardomomum	Übelkeit, Kopfschmerzen, Verdauungsprobleme, Husten
Karottensamen Daucus carota	Ekzeme, Schuppenflechte, Geschwüre, als harntreibendes Mittel

Ätherisches Öl	Verwendungszweck
Kiefer Pinus sylvestris	Bronchialinfekte, Erkältung, Husten, Schnupfen, Blasen- und Nierenentzündungen, Kreislaufbeschwerden, Muskelschmerzen, Halsschmerzen
Knoblauch Allium sativum	Asthma, Husten, Erkältung, Wunden, Insektenstiche, Geschwüre, schleimlösend
Koriander Coriandrum sativum	Verdauungsstörungen, Erschöpfung, Rheuma, Grippe, Verstopfung, Blähungen
Kreuzkümmel Cuminum cyminum	Kopfschmerzen, Verdauungsstörungen, Leberbeschwerden
Kümmel Carum carvi	Ohrenschmerzen, Höhenangst, als Stärkungsmittel, bei Hals- und Bronchialbeschwerden und bei Schürfwunden
Lavendel Lavandula vera/ augustifolium/ officinalis	Verbrennungen, Hautentzündungen, Schnittwunden, Wunden, Ekzeme, Dermatitis, Grippe, Übelkeit, Streß, Kopfschmerzen, Asthma, Rheuma, Arthritis, Blasenentzündung, Bluthochdruck, Muskelkrämpfe, Sonnenbrand, Ohnmachten
Lemongrass Cybopogon citratus	bei Bronchialbeschwerden, zur Insektenabwehr, Kopf- und Halsschmerzen, zu geringer Milcheinschuß nach der Geburt, Darmblockaden
Limone Citrus aurantifolia	Halsschmerzen, Rheuma, Fieber, Kopfschmerzen, Alkoholismus, als Stärkungsmittel
Lindenblüte Tilia cordata/europaea	als Stärkungsmittel, Neuralgien, Kopfschmerzen, Migräne, Schnupfen, Grippe, Geschwüre im Mundbereich, Atembeschwerden
Majoran Thymus masticana/ Origanum majorana	Zerrungen, Schürfwunden, Erkältung, Rheuma, Menstruationsbeschwerden, Bronchitis, Schlaflosigkeit, Verstopfung, Asthma, Blähungen
Mandarine Citrus mandurensis/ reticulata	Angstzustände, als Beruhigungsmittel, Verdauungsstörungen, Schlaflosigkeit, Schwangerschaftsstreifen, Leberbeschwerden, zur Hautpflege (bei fettiger Haut)

Ätherisches Öl	Verwendungszweck
Melisse Melissa officinalis	Angstzustände, bakterielle oder Pilzinfektionen, Ekzeme, als Schlafmittel, bei Allergien, Menstruationsbeschwerden, Asthma
Muskatellersalbei Salvia sclarea	Depressionen, Nervenschwäche, Menstruationsbeschwerden, als Schlafmittel, bei Asthma, Frigidität, Impotenz
Muskatnuß Myristica fragrans	Übelkeit, Rheuma, Arthritis, Schlaflosigkeit, Atembeschwerden, Akne
Myrrhe Commiphora myrrha	Wunden, Geschwüre im Mundbereich, bakterielle und Pilzinfektionen (auch im Intimbereich), Bronchitis, Mandelentzündung, zur Hautpflege, bei Menstruationsbeschwerden, Schnupfen
Myrte Myrthus communis	Asthma, Verdauungsstörungen, Atembeschwerden
Nelke Eugenia caryophyllata	Zahnschmerzen, Infektionen, Übelkeit, Blähungen, Bronchitis, Durchfall
Neroli Citrus aurantium	Depressionen, Angstzustände, zur Herzstärkung, bei Durchfall, Wechseljahrbeschwerden, zur Hautpflege, Blutdrucksenkung, Akne, Ekzeme, Schlaflosigkeit
Niaouli Meleleuca virdiflora	Atembeschwerden, Halsschmerzen, Verbrennungen, Akne, Schnitt- und Schürfwunden, Blasenentzündung, Stärkung des Immunsystems, Durchfall
Orange Citrus cinensis	bei Verstopfung, als Schlafmittel, bei Magenbeschwerden, als Beruhigungsmittel
Oregano Origanum vulgare	Bronchitis, Virusinfektionen, Rheuma, Verdauungsstörungen, Appetitmangel
Palmarosa Cymbopogon martini	als Stärkungsmittel, bei Hautentzündungen
Patchouli Pogostemon patchouli	Hautinfektionen und -probleme, Akne, Ekzeme, Pilzinfektionen, als harntreibendes Mittel, bei Angstzuständen
Petersilie Petroselinum sativum	bei Menstruations- und Wechseljahrbeschwerden, als harntreibendes Mittel, bei Nierenproblemen
Petitgrain Citrus aurantium	bei Angstzuständen, Depressionen, Streß, Schlaflosigkeit, in der Rekonvaleszenz

Ätherisches Öl	Verwendungszweck
Pfeffer, schwarz Piper nigrum	Erkältung, Zellulitis, Blähungen, Rheuma, Grippe
Pfefferminze Mentha piperascens	Übelkeit, Reisekrankeit, Kopfschmerzen, Grippe, Migräne, Fieber, Entzündungen, Arthritis, Nebenhöhlen-entzündung, Periodenschmerzen, zur Insektenabwehr
Piment Pimento officinalis	Verdauungsstörungen, Erkältung, Rheuma, muskuläre Verspannungen, Depressionen, Kreislaufbeschwerden, Krämpfe
Rose Rosa damascena/ centifolia	Streß, Wechseljahrbeschwerden, Verstopfung, Hautpflege, bei Kummer und Übelkeit
Rosenholz Aniba rosaedora	allergische Hautreaktionen, Depressionen, Streß, Kopfschmerzen
Rosmarin Rosmarinus officinalis	Kopfschmerzen, muskuläre Verspannungen, Erschöpfung, Schuppen, Haarausfall, als Stärkungsmittel, bei Leberstauung
Salbei Salvia officinalis	Bronchitis, Schnupfen, Rheuma, Arthritis, Bindegewebsentzündung, Insektenbisse oder -stiche, Ekzeme, Pilzinfektionen im Intimbereich
Sandelholz Santalum album	Akne, Schnupfen, Halsschmerzen, Blasenentzündung, Menstruations-beschwerden, Hautentzündungen, bakterielle und Pilzinfektionen, Ekzeme, Hautpflege
Schafgarbe Achillea millefolium	Krämpfe, Entzündungen, Verstopfung, Kreislauf- und Menstruationsbeschwerden
Sellerie Apium graveolens	als harntreibendes Mittel, bei Zellulitis, Rheuma, Arthritis, Gicht
Spearmint Mentha spicata	Verdauungsstörungen, Darmkrämpfe, Fieber, Übelkeit, Hämorrhoiden, Mundgeruch
Teebaum Melaleuca alternifolia	Pilz-, Virus- und bakterielle Infektionen, Erkältung, Grippe, Fieberbläschen, Akne, Pilzinfektionen im Intimbereich, Verbrennungen, Fußpilz, zur Insektenabwehr

Ätherisches Öl	Verwendungszweck
Thymian Thymus vulgaris	bei bakteriellen Infektionen und Infektionen im Bereich der Harnwege, Rheuma, Virusinfektionen, Wunden, Haarausfall, zur Pflege von Zähnen und Zahnfleisch, bei Erschöpfung, Menstruationsbeschwerden
Veilchen Viola odorata	Nierenbeschwerden, Hautentzündungen, Rheuma, bei Leberstauung
Vetiver Vetivera zizanoides/ Andropogan muricatus	Streß, Schlaflosigkeit, Rheuma, Atembeschwerden
Wacholder Juniperus communis	Leberbeschwerden, Akne, Infektionen der Harnwege, als harntreibendes Mittel, Fettleibigkeit, zur Appetitanregung, Periodenschmerzen, Ekzeme, Schuppenflechte, Geschwüre, Wunden, zur Entgiftung, bei Kater
Weihrauch Boswellia thurfera/ carteri	Bronchialbeschwerden, Husten, Bronchitis, Wunden, Erkältung, als Nerventonikum, zur Hautpflege (läßt alternde Haut länger jung erscheinen)
Ylang-Ylang Cananga odorata	Angstzustände, erhöhter Blutdruck, Depressionen, als Aphrodisiakum, zur Pulsregulierung und Herzberuhigung, zur Hautpflege
Ysop Hyssopus officinalis	Rheuma, Schürfwunden, Husten, Erkältung, Virusinfektionen, Kreislaufbeschwerden, Asthma, Heuschnupfen
Zedernholz Cedrus atlantica	Bronchitis, Haarausfall, Schnupfen, Akne, als harntreibendes Mittel, bei Problemen im Bereich der Harnwege
Zimt Cinnamomum zeylanicum	Grippe, Rheuma, Husten, Erkältung, Viruserkrankungen, Frieren, zur Appetitanregung und Kreislaufstärkung, in der Rekonvaleszenz
Zitrone Citrus limonum	Verdauungsbeschwerden, Halsschmerzen, als Nerventonikum, bei Hautproblemen, zur Insektenabwehr, bei Arthritis, als blutdrucksenkendes Mittel
Zypresse Cupressus sempervirens	Kreislauf, Rheuma, Erkältung, Husten, Wunden, Wechseljahrbeschwerden, Hämorrhoiden, Asthma

Krankheiten und Symptome: Die entsprechenden Öle und Anwendungsmethoden

Krankheiten und Symptome	Ätherische Öle	Anwendungs-methoden
Abszesse/Furunkel	Kamille, Lavendel, Bergamotte, Wacholder, Teebaum, Muskatellersalbei	Umschläge
Akne	Sandelholz, Zitrone, Bergamotte, Wacholder, Lavendel, Geranium, Myrrhe, Petitgrain, Teebaum	Umschläge, in Hautpflege-produkten
Alkoholismus	Fenchel, Wacholder (entgiftend)	aromatische Bäder
Allergien	Kamille, Melisse, Lavendel	Inhalation, Massage
Angstzustände	Benzoe, Bergamotte, Kamille, Muskatellersalbei, Zedernholz, Zypresse, Weihrauch, Geranium, Jasmin, Wacholder, Neroli, Lavendel, Vetiver, Rosenholz, Rose, Sandelholz, Patchouli, Mandarine, Melisse, Majoran, Ylang-Ylang	Massage, aromatische Bäder
Appetitlosigkeit	Bergamotte, Kamille, Ingwer, Zimt, Fenchel, Minze, Kardamom	Massage
Arthritis	Wacholder, Fenchel, Rosmarin, Zitrone, Eukalyptus, Ingwer, Kamille, Lavendel, Zypresse, Cajeput, Benzoe, schwarzer Pfeffer	Massage, aromatische Bäder

Krankheiten und Symptome	Ätherische Öle	Anwendungsmethoden
Asthma	Bergamotte, Kamille, Myrte, Zypresse, Eukalyptus, Melisse, Basilikum, Lavendel, Weihrauch, Thymian, Majoran	Inhalation, Massage
Ausbleiben der Menstruation (Amenorrhöe)	Muskatellersalbei, Lavendel, Kamille, Zypresse, Petersilie	Umschläge, Massage, aromatische Bäder
Bindehautentzündung	Kamille, Rose, Lavendel	Umschläge
Blähungen	schwarzer Pfeffer, Kamille, Kardamom, Ingwer, Fenchel, Wacholder, Lemongrass, Pfefferminze, Rosmarin, Koriander	Massage, Umschläge
Blasenentzündung (Zystitis)	Bergamotte, Cajeput, Rose, Lavendel, Wacholder, Sandelholz, Zedernholz, Kiefer, Kamille	Massage, aromatische Bäder Spülungen
Blutdruck zu niedrig (Hypotonie)	Rosmarin, Kampfer, schwarzer Pfeffer, Pfefferminze	Massage, aromatische Bäder
Bluthochdruck (Hypertonie)	Lavendel, Ylang-Ylang, Majoran, Kamille, Neroli, Bergamotte, Rose	Massage, aromatische Bäder
Blutstillung	Zitrone, Zypresse, Geranium, Rose, Eukalyptus	Umschläge
Brechreiz	Fenchel, Lavendel, Zitrone, Pfefferminze, Rose, Kamille	Umschläge
Bronchialinfekte	Eukalyptus, Kiefer, Benzoe, Cajeput	Inhalation, Massage
Bronchitis	Basilikum, Benzoe, Lavendel, Pfefferminze, Weihrauch, Rosmarin, Eukalyptus, Bay, Sandelholz, Kiefer, Kampfer, Cajeput, Oregano	Inhalation, Massage
Brustdrüsenentzündung (Mastitis)	Geranium, Lavendel, Rose	Umschläge, Massage
Depressionen	Basilikum, Bergamotte, Muskatellersalbei, Jasmin, Geranium, Rosenholz, Neroli, Sandelholz, Ylang-Ylang, Melisse, Rose	Massage, aromatische Bäder, Inhalation

Krankheiten und Symptome	Ätherische Öle	Anwendungs-methoden
Dermatitis	Benzoe, Kamille, Weihrauch, Geranium, Wacholder, Neroli, Lavendel, Zitrone, Muskatnuß	Massage, aromatische Bäder
Dickdarm-entzündung (Kolitis)	Kamille	Umschläge, sanfte Massage
Durchfall	schwarzer Pfeffer, Kamille, Kampfer, Zypresse, Majoran, Niaouli, Pfefferminze, Benzoe, Rosmarin, Sandelholz, Fenchel	Massage, aromatische Bäder
Ekzeme	Bergamotte, Kamille, Ysop, Lavendel, Geranium, Melisse, Wacholder, Karottensamen	aromatische Bäder, Massage, Umschläge
Entspannung	Lavendel, Neroli, Ylang-Ylang, Rosenholz, Majoran, Rose, Sandelholz, Kamille, Bergamotte	Massage, aromatische Bäder
Entzündungen	Kamille, Lavendel	Umschläge
Erkältung	Basilikum, Kampfer, Cajeput, Bay, Niaouli, Eukalyptus, Lavendel, Teebaum, Rosmarin, Knoblauch, Ysop, Pfefferminze	Inhalation, Massage
Ermüdungs-erscheinungen	Rosmarin, Geranium, Basilikum, Bergamotte, Pfefferminze, Kiefer	Massage, Inhalation, aromatische Bäder
Erschöpfung	Rosmarin, Bergamotte	Massage, aromatische Bäder
Fadenpilz-erkrankung (Trichophytie)	Geranium, Myrrhe, Lavendel, Rosmarin, Pfefferminze	in Haar- und Hautpflege-produkten
Falten	Weihrauch, Zitrone, Sandelholz	in Hautpflege-produkten
Fettleibigkeit	Fenchel, Wacholder, Rosmarin, Zitrone, Bergamotte, Geranium	Massage, aromatische Bäder
Fieber	Zypresse, Bergamotte, Basilikum, Kamille, Melisse, Wacholder, Eukalyptus, Lavendel, Rosmarin	aromatische Bäder
Fieberbläschen	Teebaum, Lavendel	Umschläge
Frigidität	Muskatellersalbei, Rose, Ingwer, Ylang-Ylang, Zimt, Sandelholz	Massage, aromatische Bäder

Krankheiten und Symptome	Ätherische Öle	Anwendungsmethoden
Frostbeulen	Zypresse, schwarzer Pfeffer, Majoran, Rosmarin, Teebaum, Wacholder	Massage, aromatische Bäder
Fußpilz	Teebaum, Lavendel, Myrrhe, Myrte	Massage, Fußbäder
Gallensteine	Rosmarin, Lavendel	Massage
Gedächtnisschwäche	Basilikum, Rosmarin, Pfefferminze	Inhalation
Geistige Erschöpfung	Basilikum, Rosmarin, Pfefferminze	aromatische Bäder, Massage, Inhalation
Gelbsucht	Rosmarin, Kamille, Thymian, Pfefferminze	Massage, aromatische Bäder
Geschwüre	Knoblauch	Umschläge
Gicht	Basilikum, Benzoe, Kampfer, Lavendel, Wacholder, Rosmarin	Massage, Umschläge
Grindflechte (Impetigo)	Benzoe, Kamille, Patchouli, Lavendel, Teebaum	aromatische Bäder, Massage
Grippe (Influenza)	schwarzer Pfeffer, Ysop, Niaouli, Eukalyptus, Rosmarin, Pfefferminze, Knoblauch, Teebaum, Zypresse	aromatische Bäder, Inhalation
Gürtelrose	Eukalyptus, Geranium, Bergamotte, Teebaum, Pfefferminze, Myrte	aromatische Bäder
Haarausfall (Allopezie)	Zedernholz, Muskatellersalbei, Lavendel, Rosmarin, Thymian, Piment	Massage, beim Ausspülen, in Haarpflegeprodukten
Halsbeschwerden	Sandelholz, Benzoe, Teebaum	Mundspülung, Gurgeln, Inhalation
Halsschmerzen	Lavendel, Sandelholz, Benzoe, Eukalyptus, Niaouli, Kiefer	Inhalation, Gurgeln
Hämorrhoiden	Zypresse, Weihrauch, Wacholder, Myrrhe, Lavendel, Rosmarin, Myrte	Massage, aromatische Bäder
Harnröhrenentzündung (Urethritis)	Bergamotte, Lavendel	Massage, aromatische Bäder

Krankheiten und Symptome	Ätherische Öle	Anwendungs-methoden
Harnverhaltung	Geranium, Wacholder, Petersilie, Fenchel, Salbei, Kiefer, Veilchenblätter	Massage, aromatische Bäder
Haut, alternde	Weihrauch, Myrrhe, Rose, Patchouli, Lavendel, Zitrone, Karottensamen, Neroli	Gesichtsmaske, in ölhaltigen Hautpflege-produkten
Haut, aufgesprungene	Benzoe, Kamille, Lavendel	Umschläge, Massage
Haut, empfindliche	Kamille, Neroli, Rose, Sandelholz	Massage, aromatische Bäder
Haut, fettige	Bergamotte, Zitrone, Mandarine, Sandelholz, Geranium	in Hautpflege-produkten
Haut, trockene	Sandelholz, Rose, Lavendel, Geranium	Massage, in Haut-pflegeprodukten
Herpes	Bergamotte, Patchouli, Teebaum, Lavendel	Umschläge
Herzbeschwerden	Ylang-Ylang, Neroli, Lavendel, Melisse	Massage, aromatische Bäder
Herzrasen	Kamille, Lavendel, Orange, Ylang-Ylang, Melisse, Neroli, Rosmarin	Massage, Inhalation
Heuschnupfen	Eukalyptus, Rose, Lavendel, Melisse, Kamille, Kiefer, Teebaum	Inhalation
Höhenangst	Basilikum, Rosmarin, Pfefferminze, schwarzer Pfeffer	Inhalation
Husten	Benzoe, Weihrauch, Kiefer, Eukalyptus, Rosmarin, Thymian, Zypresse, Pfefferminze, Myrrhe	Inhalation, Massage
Hysterie	Basilikum, Kamille, Neroli, Muskatellersalbei, Lavendel, Majoran, Melisse, Ylang-Ylang	Massage, aromatische Bäder, Inhalation
Impotenz	Muskatellersalbei, Jasmin, Ingwer, Rose, Sandelholz, Ylang-Ylang	Massage, aromatische Bäder
Insektenstiche	Lavendel, Eukalyptus, Geranium	Umschläge
Ischiassyndrom	Kamille, Lavendel	aromatische Bäder, Massage, Umschläge

Krankheiten und Symptome	Ätherische Öle	Anwendungsmethoden
Juckreiz	Kamille, Lavendel, Melisse, Bergamotte	Massage, Umschläge
Kahlköpfigkeit	Zedernholz, Rosmarin	in Haarpflegeprodukten, Massage
Kater	Wacholder, Rosmarin	Massage, aromatische Bäder
Kehlkopfentzündung (Laryngitis)	Benzoe, Sandelholz, Lavendel, Weihrauch, Thymian, Myrrhe	Inhalation
Keuchhusten	Basilikum, Zypresse, Niaouli, Rosmarin, Lavendel, Teebaum	Inhalation, Massage
Kopfschmerzen	Pfefferminze, Majoran, Rose, Lavendel, Rosmarin, Eukalyptus, Kamille	Umschläge, Massage
Krampfadern (Varikose)	Zypresse, Geranium, Lavendel	Umschläge, Massage
Krämpfe	Kamille, Lavendel, Geranium, Rosmarin, Sandelholz	Massage, Umschläge
Krätze (Skabies)	Lavendel, Kamille, Zitrone, Bergamotte, Rosmarin, Pfefferminze	aromatische Bäder
Kreislaufbeschwerden	schwarzer Pfeffer, Zypresse, Lavendel, Wacholder, Salbei, Ylang-Ylang, Majoran, Rosmarin, Zedernholz, Geranium	Massage, aromatische Bäder
Kummer und Trauer	Bergamotte, Rose, Melisse, Lavendel, Rosenholz	Massage, aromatische Bäder
Läuse	Lavendel, Zitrone, Geranium, Eukalyptus	aromatische Bäder, Massage, Kopfhautmassage
Leberbeschwerden	Wacholder, Zitrone, Rose, Zypresse, Kamille, Kümmel, Pfefferminze, Rosmarin	aromatische Bäder, Massage, Umschläge
Lendenschmerzen (Lumbago)	Wacholder, Rosmarin, Kiefer	Umschläge, Massage
Lungenentzündung	Cajeput, Niaouli, Thymian, Teebaum, Eukalyptus, Kiefer	Inhalation, aromatische Bäder
Magenbeschwerden	Fenchel, Pfefferminze, Lavendel, Mandarine, Orange, Kamille	Umschläge, Massage
Mandelentzündung (Tonsillitis)	Lavendel, Benzoe	Mundspülung, Gurgeln, Inhalation

Krankheiten und Symptome	Ätherische Öle	Anwendungsmethoden
Masern	Kamille, Bergamotte, Eukalyptus, Teebaum	Inhalation, aromatische Bäder
Menstruationsbeschwerden	Rose, Melisse, Wacholder, Myrrhe, Muskatellersalbei, Rosmarin, Majoran, Kamille, Zypresse, Kiefer	aromatische Bäder Umschläge, Massage
Migräne	Majoran, Pfefferminze, Rosmarin, Kamille, Lavendel, Basilikum	aromatische Bäder, Massage, Inhalation
Mundgeruch (Halitose)	Spearmint, Bergamotte, Muskatnuß, Kardamom, Pfefferminze, Myrrhe	Mundspülung
Mundgeschwüre	Myrrhe, Orange, Teebaum	Mundspülung
Muskelzerrungen	Lavendel, Ingwer, Rosmarin, Wacholder	Massage, aromatische Bäder
Nasenbluten	Zitrone, Zypresse, Weihrauch	kalte Umschläge
Nebenhöhlenentzündung (Sinusitis)	Eukalyptus, Lavendel, Pfefferminze, Niaouli, Bay, Rosmarin, Lavendel, Kiefer	Inhalation
Nervenanspannung	Benzoe, Kamille, Neroli, Muskatellersalbei, Lavendel, Patchouli, Rose, Sandelholz, Ylang-Ylang	Massage, aromatische Bäder
Nesselsucht	Kamille, Melisse	aromatische Bäder
Neuralgie	Kamille, Majoran, Rosmarin, Lavendel, Eukalyptus, Teebaum, Muskatellersalbei, Geranium	Massage
Nierenbeschwerden	Wacholder, Sandelholz, Fenchel, Kamille, Zedernholz	aromatische Bäder, Massage, Umschläge
Nierenbeckenentzündung (Pyelitis)	Wacholder, Kamille, Zedernholz, Thymian	Massage
Ohnmachten	Basilikum, Rosmarin, Neroli, Pfefferminze, Lavendel	Inhalation
Ohrenschmerzen	Kamille, Lavendel	Umschläge
Pickel und Furunkel	Kamille, Lavendel, Bergamotte, Wacholder, Muskatellersalbei	Umschläge
Pilzerkrankungen (Soormykose)	Myrrhe, Sandelholz, Lavendel, Teebaum	Spülungen, aromatische Bäder

Krankheiten und Symptome	Ätherische Öle	Anwendungs-methoden
Prämenstruelle Anspannung	Kamille, Geranium, Rose, Ylang-Ylang, Bergamotte, Petersilie	Massage, aromatische Bäder
Reisekrankheit	Pfefferminze	Inhalation
Reizbarkeit	Lavendel, Kamille, Neroli	Massage, aromatische Bäder
Rekonvaleszenz	Zimt, Bergamotte, Ingwer, Petitgrain, Rosmarin	Massage, aromatische Bäder
Rheuma	Rosmarin, Wacholder, Bay, Lavendel, Kamille, Zypresse, Majoran, Koriander, Cajeput, Eukalyptus, Zitrone, Salbei, Thymian, Niaouli	Massage, aromatische Bäder
Rückenschmerzen	Lavendel, Rosmarin, Majoran, Ingwer	Massage, aromatische Bäder
Ruhr (Dysenterie)	schwarzer Pfeffer, Kamille, Zypresse	Umschläge, Massage
Schlaflosigkeit	Majoran, Lavendel, Kamille, Neroli, Sandelholz, Petitgrain	aromatische Bäder, Massage
Schlangenbiß	Lavendel, Teebaum, Basilikum	Umschläge
Schnupfen	Cajeput, Eukalyptus, Lavendel, Niaouli, Kiefer, Rosmarin, Thymian	Inhalation
Schock	Kampfer, Neroli, Pfefferminze	Inhalation
Schuppen	Zitrone, Teebaum, Rosmarin, Zedernholz	in Haarpflege-produkten, beim Ausspülen
Schuppenflechte (Psoriasis)	Bergamotte, Benzoe, Lavendel, Wacholder, Kamille, Karottensamen	Umschläge, aromatische Bäder
Schürfwunden	Lavendel, Kampfer, Zypresse, Ysop	Umschläge
Schwangerschafts-streifen	Mandarine	Massage
Sodbrennen	Kardamom, schwarzer Pfeffer	Massage
Sonnenbrand	Lavendel, Kamille	Umschläge, aromatische Bäder
Streß	Bergamotte, Kamille, Muskatellersalbei, Majoran, Neroli, Lavendel, Sandelholz, Ylang-Ylang, Rose	Massage, aromatische Bäder

Krankheiten und Symptome	Ätherische Öle	Anwendungs-methoden
Tripper (Gonorrhöe)	Bergamotte, Zedernholz	Massage, aromatische Bäder
Übelkeit	Basilikum, Pfefferminze, Lavendel, Fenchel, Rose, Kamille, Muskatnuß, Spearmint	aromatische Bäder, Inhalation, Massage, Umschläge
Verbrennungen	Lavendel, Kamille, Geranium, Patchouli, Benzoe	Umschläge
Verbrühungen	Lavendel, Kamille, Eukalyptus	Umschläge
Verdauungs-störungen	Kamille, Fenchel, Lavendel, Pfefferminze, Basilikum, Majoran, Koriander	Umschläge, Massage
Verstopfung	schwarzer Pfeffer, Rose, Bergamotte, Fenchel, Orange, Wacholder, Lemongrass, Rosmarin, Koriander, Majoran	Massage
Virusinfektionen	Bergamotte, Eukalyptus, Teebaum	Inhalation, aromatische Bäder
Warzen (Verruca)	Teebaum, Thuja, Zitrone	Umschläge
Wasseransammlung im Gewebe (Ödeme)	Wacholder, Patchouli, Geranium, Zitrone, Rosmarin, Zypresse, Fenchel, Zedernholz	Massage aromatische Bäder
Wechseljahre	Kamille, Lavendel, Rose, Geranium, Jasmin, Bergamotte, Muskatellersalbei, Sandelholz, Ylang-Ylang	Massage, aromatische Bäder
Windpocken	Kamille, Lavendel, Teebaum, Eukalyptus, Bergamotte	aromatische Bäder, Umschläge
Wunden	Benzoe, Lavendel, Eukalyptus, Teebaum	Umschläge
Wundliegen	Kamille, Lavendel, Geranium, Patchouli	Umschläge, Massage
Würmer	Bergamotte, Kamille, Eukalyptus, Lavendel	Massage, Umschläge
Zahnfleisch-entzündung	Fenchel, Myrrhe, Thymian	Mundspülungen
Zahnfleisch-schwund	Nelke, Muskatellersalbei	Mundspülungen, mit Finger oder Wattebausch auftragen
Zahnschmerzen	Nelke, Kamille	mit dem Watte-bausch betupfen

Krankheiten und Symptome	Ätherische Öle	Anwendungsmethoden
Zahnungsbeschwerden	Kamille, Lavendel	Mundspülung, sanfte Massage
Zellulitis	Wacholder, Zypresse, schwarzer Pfeffer, Zitrone, Muskatellersalbei, Fenchel, Geranium, Rosmarin	aromatische Bäder, Massage, Umschläge
Zerrungen und Verstauchungen	Eukalyptus, Lavendel, Rosmarin, Kamille, Majoran	kalte Umschläge

Die Eigenschaften der Öle

Eigenschaft	Bedeutung	Ätherische Öle
abschwellend	—	Fenchel, Galbanum, Knoblauch, Grapefruit, Rosmarin
adstringierend	gewebezusammenziehend und -straffend	Bay, Benzoe, Birke, Kümmel, Zedernholz, Zypresse, Weihrauch, Geranium, Ysop, Wacholder, Zitrone, Limone, Myrrhe, Myrte, Patchouli, Pfefferminze, Rose, Rosmarin, Salbei, Sandelholz, Schafgarbe
analgetisch	schmerzlindernd	Basilikum, Bergamotte, Birke, schwarzer Pfeffer, Cajeput, Kampfer, Kamille, Nelke, Koriander, Eukalyptus, Galbanum, Geranium, Ingwer, Lavendel, Majoran, Niaouli, Muskatnuß, Oregano, Pfefferminze, Piment, Rosmarin
anaphrodisisch	die sexuelle Lust dämpfend	Majoran
anästhetisch	schmerzunempfindlich machend	Zimt, Nelke, Pfefferminze
antazid	Säure vermindernd	Zitrone
antiallergisch	Allergiesymptome mindernd	Kamille, Melisse
antibiotisch	infektionsbekämpfend	Bergamotte, Kamille, Zimt, Nelke, Eukalyptus, Knoblauch, Ysop, Wacholder, Lavendel, Zitrone, Limone, Myrte, Niaouli, Muskatnuß, Oregano, Patchouli, Kiefer, Teebaum, Thymian
anticoagulant	die Blutgerinnung verzögernd oder verhindernd	Geranium
anticonvulsiv	Krämpfe verhindernd oder verzögernd	Kamille, Muskatellersalbei, Lavendel

Eigenschaft	Bedeutung	Ätherische Öle
antidepressiv	stimmungshebend, der Depression entgegenwirkend	Basilikum, Bergamotte, Citronella, Muskatellersalbei, Geranium, Grapefruit, Jasmin, Lavendel, Lemongrass, Melisse, Neroli, Orange, Patchouli, Petitgrain, Piment, Rose, Rosmarin, Rosenholz, Ylang-Ylang
antidontalgisch	Zahnschmerzen lindernd	Cajeput, Zimt, Nelke, Muskatnuß, Pfefferminze
antimykotisch	Pilzerkrankungen bekämpfend	Eukalyptus, Wacholder, Lavendel, Zitrone, Myrte, Patchouli, Piment, Salbei, Sandelholz, Teebaum, Thymian
antineuralgisch	Nervenschmerzen lindernd	Bay, Cajeput, Nelke, Zitrone
antiparasitär	Parasiten vernichtend	Anissamen, Kümmel, Zimt, Citronella, Nelke, Kreuzkümmel, Eukalyptus, Knoblauch, Zitrone, Lemongrass, Myrte, Oregano, Pfefferminze, Rosmarin, Thymian
antiphlogistisch	entzündungshemmend	Kamille, Muskatellersalbei, Eukalyptus, Fenchel, Lavendel, Myrrhe, Patchouli, Pfefferminze, Kiefer, Rose, Sandelholz, Schafgarbe
antirheumatisch	rheumatische Beschwerden lindernd	Cajeput, Kamille, Zypresse, Eukalyptus, Knoblauch, Ysop, Wacholder, Zitrone, Lavendel, Niaouli, Oregano, Kiefer, Rosmarin, Salbei, Estragon, Thymian
antiseptisch	reinigend und infektionsbekämpfend	alle ätherischen Öle sind antiseptisch
antispasmodisch	krampflösend	Engelwurz, Anissamen, Basilikum, Bergamotte, Bay, schwarzer Pfeffer, Cajeput, Kamille, Kümmel, Kardamom, Kampfer, Muskatellersalbei, Nelke, Koriander, Dill, Eukalyptus, Fenchel, Ingwer, Jasmin, Wacholder, Ysop, Lavendel, Mandarine, Majoran, Neroli, Muskatnuß,

Eigenschaft	Bedeutung	Ätherische Öle
		Orange, Oregano, Petersilie, Pfefferminze, Petitgrain, Rose, Rosmarin, Salbei, Sandelholz, Spearmint, Thymian, Eisenkraut, Schafgarbe
antitoxisch	entgiftend	Basilikum, Thymian
antiviral	Viren bekämpfend	Zimt, Nelke, Elemi, Eukalyptus, Knoblauch, Lavendel, Limone, Oregano, Palmarosa, Sandelholz, Teebaum, Thymian
aphrodisisch	die sexuelle Lust anregend	Engelwurz, Anissamen, Basilikum, schwarzer Pfeffer, Kardamom, Zimt, Muskatellersalbei, Nelke, Kreuzkümmel, Ingwer, Jasmin, Wacholder, Muskatnuß, Neroli, Petersilie, Patchouli, Piment, Rose, Rosenholz, Sandelholz, Thymian, Eisenkraut, Vetiver, Veilchen, Ylang-Ylang
appetitanregend	—	Bay, Kümmel, Kardamom, Zimt, Nelke, Fenchel, Ingwer, Muskatnuß, Oregano, Salbei, Thymian, Estragon
bakterizid	Bakterien bekämpfend	Basilikum, Kreuzkümmel, Elemi, Knoblauch, Eukalyptus, Lavendel, Zitrone, Lemongrass, Limone, Myrrhe, Myrte, Neroli, Niaouli, Palmarosa, Rose, Rosenholz, Teebaum
balsamisch	lindernd	Cajeput, Muskatellersalbei, Elemi, Eukalyptus, Myrrhe, Niaouli, Kiefer, Teebaum
besänftigend, lindernd	—	Zedernholz, Kamille, Geranium, Jasmin, Lavendel, Lindenblüte, Mandarine, Rose, Sandelholz, Tangarine, Eisenkraut
blutreinigend	—	Birke, Kümmel, Karottensamen, Koriander, Kreuzkümmel, Eukalyptus, Wacholder, Zitrone, Petersilie, Rose, Salbei

Eigenschaft	Bedeutung	Ätherische Öle
blutzucker-senkend	—	Eukalyptus, Knoblauch, Geranium
cytophylaktisch	das Zellwachstum anregend	Karottensamen, Weihrauch, Geranium, Lavendel, Mandarine, Palmarosa, Neroli, Rose
desinfizierend	keimtötend	Birke, Kümmel, Nelke, Dill, Wacholder, Limone, Myrrhe, Kiefer
diuretisch	harntreibend	Engelwurz, Bay, Benzoe, Kamille, Zypresse, Eukalyptus, Fenchel, Weihrauch, Galbanum, Knoblauch, Geranium, Ysop, Wacholder, Lavendel, Zitrone, Lemongrass, Lindenblüte, Petersilie, Patchouli, Kiefer, Rose, Rosmarin, Salbei, Sandelholz, Veilchen, Schafgarbe
emetisch	Brechreiz auslösend	Rose, Veilchen
emmenagog	menstruationsfördernd	Engelwurz, Basilikum, Bay, Kümmel, Karottensamen, Kamille, Zimt, Muskatellersalbei, Kreuzkümmel, Fenchel, Galbanum, Ysop, Jasmin, Lavendel, Majoran, Myrrhe, Muskatnuß, Oregano, Petersilie, Pfefferminze, Rose, Rosmarin, Salbei, Thymian
entgiftend	—	schwarzer Pfeffer, Fenchel, Rose, Salbei
expektorant	den Auswurf fördernd (Lunge und Bronchien reinigend)	Engelwurz, Basilikum, Benzoe, Bergamotte, Cajeput, Kampfer, Zedernholz, Elemi, Eukalyptus, Fenchel, Galbanum, Knoblauch, Ingwer, Ysop, Majoran, Myrrhe, Myrte, Oregano, Petersilie, Pfefferminze, Kiefer, Sandelholz, Teebaum, Thymian, Veilchen, Schafgarbe

Eigenschaft	Bedeutung	Ätherische Öle
fiebersenkend	—	Basilikum, Bay, Bergamotte, Cajeput, Kampfer, Kamille, Zypresse, Eukalyptus, Knoblauch, Ingwer, Ysop, Zitrone, Melisse, Niaouli, Orange, Palmarosa, Patchouli, Pfefferminze, Eisenkraut
fungizid	pilztötend	Zedernholz, Elemi, Knoblauch, Lavendel, Lemongrass, Myrrhe, Patchouli, Teebaum
gebärmutter-stärkend	—	Muskatellersalbei, Nelke, Weihrauch, Jasmin, Melisse, Myrrhe, Rose
geistige Klarheit schaffend	—	Basilikum, Kardamom, Ysop, Majoran, Pfefferminze, Rosmarin, Rosenholz
hämostatisch	blutstillend	Zimt, Zypresse, Geranium, Zitrone, Limone, Rose
hautrötend	durch Verbesserung der Blutzirkulation wärmend	schwarzer Pfeffer, Kampfer, Eukalyptus, Ingwer, Wacholder, Oregano, Piment, Kiefer
hepatisch	die Leber- und Gallenfunktion anregend	Engelwurz, Bay, Karottensamen, Kamille, Zypresse, Grapefruit, Zitrone, Oregano, Pfefferminze, Rose, Salbei, Rosmarin, Eisenkraut, Veilchen
herzstärkend	—	Benzoe, Bergamotte, Lavendel, Majoran, Melisse, Neroli, Pfefferminze, Rosmarin, Teebaum
hustenreiz-lindernd	—	Ingwer, Ysop, Lindenblüte, Oregano, Sandelholz, Thymian
hypertensiv	blutdrucksteigernd	Kampfer, Ysop, Rosmarin, Salbei, Thymian
hypotensiv	blutdrucksenkend	Sellerie, Muskatellersalbei, Knoblauch, Lavendel, Zitrone, Lindenblüte, Majoran, Melisse, Ylang-Ylang

Eigenschaft	Bedeutung	Ätherische Öle
insektizid	Insekten vernichtend/ abwehrend	Anissamen, Bay, Bergamotte, Birke, Cajeput, Kümmel, Zedernholz, Zimt, Citronella, Nelke, Zypresse, Eukalyptus, Fenchel, Knoblauch, Geranium, Wacholder, Zitrone, Lemongrass, Limone, Myrte, Niaouli, Oregano, Patchouli, Kiefer, Teebaum, Thymian
kardial	herzanregend	Anissamen, schwarzer Pfeffer, Kümmel, Kampfer, Zimt, Ysop, Muskatnuß, Thymian
karminativ	blähungsmindernd	Engelwurz, Anissamen, Basilikum, Bergamotte, schwarzer Pfeffer, Kümmel, Kardamom, Karottensamen, Kamille, Zimt, Nelke, Koriander, Kreuzkümmel, Dill, Fenchel, Galbanum, Ingwer, Ysop, Wacholder, Zitrone, Lemongrass, Majoran, Melisse, Myrte, Muskatnuß, Orange, Oregano, Petersilie, Pfefferminze, Piment, Rosmarin, Spearmint, Estragon, Thymian
kräftigend	—	Basilikum, Zypresse, Lavendel, Limone, Majoran, Kiefer, Spearmint
laktations-fördernd	den Milchfluß anregend	Anissamen, Basilikum, Kümmel, Dill, Fenchel, Jasmin, Lemongrass
laxativ	abführend	Anissamen, schwarzer Pfeffer, Kampfer, Fenchel, Ingwer, Zitrone, Majoran, Muskatnuß, Oregano, Petersilie, Rose, Estragon, Veilchen
milzstärkend	—	Engelwurz, Kamille, Nelke, Fenchel, Oregano, Lavendel, Rose

Eigenschaft	Bedeutung	Ätherische Öle
nervenstärkend	—	Basilikum, Kamille, Muskatellersalbei, Ysop, Wacholder, Lavendel, Lindenblüte, Majoran, Melisse, Pfefferminze, Rosmarin, Sandelholz, Vetiver
pektoral	Bronchien und Lunge stärkend	Cajeput, Ysop, Veilchen
prophylaktisch	krankheitsvorbeugend	Knoblauch, Ysop, Lemongrass
schleimlösend	—	Cajeput, Eukalyptus, Knoblauch, Lavendel, Lindenblüte, Niaouli, Pfefferminze, Kiefer
schweißtreibend	—	Engelwurz, Basilikum, Cajeput, Kampfer, Kamille, Dill, Fenchel, Knoblauch, Ingwer, Melisse, Ysop, Wacholder, Lavendel, Myrrhe, Pfefferminze, Kiefer, Rosmarin, Teebaum
sedativ	beruhigend	Benzoe, Bergamotte, Zedernholz, Sellerie, Kamille, Muskatellersalbei, Zypresse, Weihrauch, Geranium, Jasmin, Lavendel, Lindenblüte, Mandarine, Majoran, Melisse, Myrrhe, Neroli, Petitgrain, Rose, Salbei, Sandelholz, Eisenkraut, Vetiver, Ylang-Ylang
stimulierend	anregend	Engelwurz, Anissamen, Basilikum, Bay, schwarzer Pfeffer, Cajeput, Kampfer, Kümmel, Kardamom, Zimt, Citronella, Nelke, Koriander, Kreuzkümmel, Eukalyptus, Fenchel, Ingwer, Ysop, Lemongrass, Niaouli, Muskatnuß, Oregano, Pfefferminze, Kiefer, Rosmarin, Spearmint, Estragon, Thymian

Eigenschaft	Bedeutung	Ätherische Öle
stomachisch	magenstärkend	Engelwurz, Anissamen, Basilikum, Bay, Bergamotte, schwarzer Pfeffer, Kardamom, Kamille, Zimt, Muskatellersalbei, Nelke, Koriander, Dill, Fenchel, Ingwer, Ysop, Wacholder, Zitrone, Melisse, Myrrhe, Muskatnuß, Orange, Oregano, Pfefferminze, Piment, Rose, Rosmarin, Estragon, Eisenkraut
styptisch	äußerliche Blutungen stillend	Zypresse, Zitrone
tonisierend	stärkend	Basilikum, Bergamotte, schwarzer Pfeffer, Kardamom, Karottensamen, Muskatellersalbei, Fenchel, Weihrauch, Knoblauch, Geranium, Ingwer, Grapefruit, Ysop, Jasmin, Wacholder, Zitrone, Lemongrass, Limone, Mandarine, Majoran, Melisse, Myrrhe, Muskatnuß, Neroli, Orange, Oregano, Petersilie, Patchouli, Piment, Kiefer, Rose, Rosmarin, Salbei, Sandelholz, Tangarine, Thymian, Eisenkraut, Vetiver, Schafgarbe
vasodilativ	gefäßerweiternd	Knoblauch
vasokonstriktiv	gefäßverengend	Zypresse, Geranium, Pfefferminze
verdauungsfördernd	—	Anissamen, Basilikum, Bergamotte, schwarzer Pfeffer, Kümmel, Kardamom, Kamille, Muskatellersalbei, Kreuzkümmel, Dill, Lemongrass, Mandarine, Majoran, Melisse, Neroli, Orange, Petersilie, Rosmarin, Estragon, Eisenkraut

Eigenschaft	Bedeutung	Ätherische Öle
wehenfördernd	—	Anissamen, Bay, Muskatellersalbei, Nelke, Dill, Jasmin, Wacholder, Lavendel, Muskatnuß, Petersilie, Rose, Spearmint
wundheilend	—	Benzoe, Bergamotte, Kampfer, Kamille, Elemi, Eukalyptus, Weihrauch, Galbanum, Geranium, Ysop, Wacholder, Lavendel, Majoran, Myrrhe, Niaouli, Oregano, Rosmarin, Estragon
wurmtreibend	—	Basilikum, Bergamotte, Cajeput, Kampfer, Kümmel, Karottensamen, Kamille, Zimt, Nelke, Eukalyptus, Fenchel, Knoblauch, Ysop, Zitrone, Niaouli, Pfefferminze, Estragon, Thymian

Nützliche Adressen

Verbände

International Federation of Aromatherapy (IFA)

(Internationaler Aromatherapie-Verband)
Stamford House
2/4 Chiswick High Road
GB-London W4 1TH
Tel. (0)181/7422605

International Society of Professional Aromatherapists

(Internationale Gesellschaft professioneller Aromatherapeuten)
Hinckley and District Hospital
Tyhe Annex
Mount Road, Hinckley
GB-Leicestershire LEIO lAG
Tel. (0)1455/890956
Fax (0)1455/890956

Forum Essenzia e.V.

Aromatherapie-Verband
Mäuselweg 29
81375 München
Tel. 089/7145391

Ausbildungsstätten

Heilpraktikerschulen bieten im Rahmen der Ausbildung zum Heilpraktiker auch Kurse in Aromatherapie an. Die beiden hier genannten Schulen sind in allen größeren Städten vertreten. Im Branchenbuch finden Sie noch weitere regionale Heilpraktikerschulen.

Thalamus

Schule für ganzheitliche Heilkunde

Zentrale:
Engelberger Str. 19
79106 Freiburg
Tel. 0761/277509
Fax 0761/286807

Deutsche Paracelsus Schulen

Zentrale:
Sonnenstr. 19
80331 München
Tel. 089/5525410

Bezugsquellen (Versandhandel)

Dies ist nur eine kleine Auswahl der zahlreichen Firmen, von denen Sie ätherische Öle und Naturkosmetik beziehen können. Manche Firmen bieten auch Seminare an, oder Sie können dort entsprechende Adressen erfragen. Weitere Adressen finden Sie im Branchenbuch der Telekom und im Alternativen Branchenbuch.

Amyris

Weinstr. 22
74343 Sachsenheim
Tel. 07046/7539
Fax 07046/7782

La Balance

Bachstr. 3
88299 Leutkirch
Tel. 07561/2352
Fax 07561/6952
Auch Seminare

Duftinsel Monika Herzog

Himalajastr. 64
81825 München
Tel. 089/4305665
Fax 089/4307506
Auch Seminare

Essenz Simon

Am Mauret 2
85116 Egweil
Tel. 08424/3977
Fax 08424/3779

La Florina

Lanzenhainer Str. 5
36369 Lautertal
Tel. 06643/8505
Fax 06643/7366
Auch Seminare

KIKO – Versand

Postfach 1347
89528 Giengen
Tel. + Fax 07322/3556

Maienfelser Naturkosmetik

Im Burgfrieden 17
71543 Wüstenrot
Tel. 07945/2582
Fax 07945/1571

Neumond – Düfte der Natur

Mühlenfelderstr. 70
82211 Herrsching
Tel. 08152/8800
Fax 08152/2211

Primavera Life

Am Fichtenholz 5
87477 Sulzberg
Tel. 08376/808-0
Fax 08376/808-39

RADICULA-Naturwarenherstellungs- und Vertriebsgesellschaft

Süderweg 2
25887 Winnert
Tel. 04845/511
Fax 04845/1233

Regenbogen

Borsigallee 55
60388 Frankfurt
Tel. 06109/32848
Fax 06109/32812
Auch Seminare

Spinnrad

Am Luftschacht 3a
45886 Gelsenkirchen
Tel. 0209/17000-0
Fax 0209/1700-40

GOLDMANN

Ganzheitlich Heilen

I. S. Kraaz/W. v. Rohr, Die richtige Schwingung heilt 13788

I. S. Kraaz, Die Farben deiner Seele 13767

Lea Sanders, Die Farben Deiner Aura 13792

Jeremiah u. Catherine Weser, Deine Augen: Das Tor zur Seele 13765

Goldmann · Der Taschenbuch-Verlag